KB187421

개정판

# 日本語入門
## 向上編

윤호숙

제이앤씨
Publishing Company

다른 외국어와 마찬가지로 일본어도 기초과정이 가장 중요하다고 할 수 있다. 우선 한자, 관용어구 등 일본어 기초어휘를 비롯하여 문형, 문법을 정확하게 익히고 그 다음에는 반복하여 학습하는 것이 필요하다.

최근 영어를 비롯한 모든 외국어 교육이 실용성을 너무 강조한 나머지 회화중심 일변도로 바뀌고 있으나 자칫 이러한 회화 일변도의 교육이 어휘력 증가에 걸림돌이 되어 깊이 있는 일본어 교육에 장애 요인이 될 수도 있다.

기초를 마스터한 뒤에는 다양한 어휘와 문형을 습득하는 것이 외국어 실력향상에 필수적이라는 사실을 간과해서는 안 된다.

본 교재는 이러한 점을 감안하여 읽기, 쓰기, 말하기, 듣기의 네 가지 기능이 상호 연관되면서 종합학습이 가능하도록 구성하였다. 특히 기초일본어를 마스터한 학습자를 위해 중급 일본어로 가기 이전의 과정으로써 기초 어휘 및 문형, 문법을 보충시키고 실용적인 문장을 통해 각 과 별로 학습할 문형이나 문법을 반복 학습하여 실력을 향상토록 하였다.

### 이 책의 구성

이 책은 종합교재로서 일본어의 네 가지 기능(읽기, 쓰기, 듣기, 말하기)을 숙달시켜 종합적인 일본어 능력을 향상시키는 것을 목표로 하고 있다.

### 1. 회화

회화는 한국인과 일본인이 일상생활에서 경험할 수 있는 여러 장면을 중심으로 대화형식으로 구성하여 자연스러운 일본어구를 구사할 수 있도록 하였다.

### 2. 어휘

각 과에 나오는 새로운 어휘를 정리하여 학습자가 반복하여 학습할 수 있도록 하였다.

### 3. 문법

문법 설명은 독학하는 학습자라도 이해할 수 있도록 예를 들어 자세히 설명하였다.

### 4. 문형연습

각 과에 나오는 문형 외에 다양한 문형을 제시하여 반복 연습하면서 자연스럽게 익히도록 하였다.

### 5. 연습문제

문법, 작문 등 다양한 연습문제를 통해 각 과에서 이해한 것을 확인하도록 하였다.

### 6. 심화학습(독해)

소설, 신문, 시나리오, 시, 일기, 편지 등 실용문을 통해 각 과에서 배운 문형을 발전시켜 응용할 수 있도록 하였다.

### 7. 한자

한자 읽기와 쓰기를 연습할 수 있도록 하여 일본어에서 가장 중요시되면서도 어려운 한자 실력을 키우도록 하였다.

### 8. 쉬어가기 코너

각 과와 관련된 일본상식에 대해 편안한 마음으로 이해할 수 있도록 하였다.


모든 언어가 그렇듯이 일본어도 하루아침에 완성되는 법은 없다. 기초부터 차근차근 반복해서 읽고 쓰고 듣고 말하는 방법밖에는 없다.

'急がば回れ(급할수록 돌아가라)'란 속담이 있듯이 천천히 '好きこそ上手なれ(좋아하면 잘하게 된다)'란 말처럼 즐겁고 재미있게 공부해야 본인도 모르는 사이에 실력이 향상될 것이다.


이 책이 나오기까지 도움을 준 西山令子 先生와 小原圭子 先生, 寺田庸平 先生에게 감사하며 제이앤씨 출판사 관계자 여러분께 깊은 사의를 표한다.

2018년 8월

저자 윤 호 숙

# 차    례

# 第一課

# 山登り

**학습포인트**

- 「ます」의 과거형 「〜ました」
- 「ます」의 부정 과거형 「〜ませんでした」

# 第一課
# 山登り

（月曜日（げつようび）の　午前中（ごぜんちゅう））

ソン宋　野村（のむら）さん、昨日（きのう）は　どこかへ　行（い）きましたか。

野村（のむら）　ええ、映画（えいが）を　見（み）に　行（い）きました。

ソン宋　一人（ひとり）で　行（い）きましたか。

野村（のむら）　いいえ、友（とも）だちと　一緒（いっしょ）に　行（い）きました。

宋　何時に　帰りましたか。

野村　11時頃　帰りました。

宋　遅かったですね。

野村　宋さんは　昨日　何を　しましたか。

宋　昼は　山登りを　しましたが、夜は　サウナへ　行きました。

野村　韓国人は　山登りが　好きですね。

宋　ええ、そうですね。

　　日本人は　山登りは　しませんか。

野村　あまり　しません。でも　好きな人は　います。

宋　今度　一緒に　行きませんか。

野村　いいですね。行きましょう。

| 어휘 | | | |
|---|---|---|---|
| 山登(やまのぼ)り | 등산 | 午前中(ごぜんちゅう) | 오전 중(에) |
| 帰(かえ)る | 돌아가(오)다 | ～頃(ごろ) | ～경, ～쯤 |
| 遅(おそ)い | 늦다 | あまり | 그다지, 별로 |
| 今度(こんど) | 이다음, 이번 | | |

### 1 　〜ました/〜ませんでした　〜었(았)습니다/〜지 않았습니다

「〜ました」는 동사의 정중형인 「〜ます」의 과거형으로 '〜었습니다'의 뜻. 부정형 '〜지 않았습니다'는 「〜ませんでした」

<ruby>朝<rt>あさ</rt></ruby>ごはんを　<ruby>食<rt>た</rt></ruby>べました。　　　　아침을 먹었습니다.

<ruby>朝<rt>あさ</rt></ruby>ごはんを　<ruby>食<rt>た</rt></ruby>べませんでした。　　아침을 안(못)먹었습니다.

### 2 　帰りました

「<ruby>帰<rt>かえ</rt></ruby>る」는 형태상으로는 ru동사이지만 u동사여서 정중형이 「かえます」가 아니라 「かえります」가 된다.

金さんは、<ruby>夜遅<rt>よるおそ</rt></ruby>く　<ruby>帰<rt>かえ</rt></ruby>りました。　　　김○○씨는 밤늦게 돌아왔습니다.

先週、イさんは　ソウルに　<ruby>帰<rt>かえ</rt></ruby>りました。

　　　　　　　　　　　　　　　　지난주 이○○씨는 서울에 돌아갔습니다.

田中さんは　5時に　<ruby>帰<rt>かえ</rt></ruby>ります。　　다나카씨는 5시에 돌아옵(갑)니다.

### 3 　どこかへ　어딘가에

의문사 「どこ」에 불확실한 의미를 나타내는 조사 「か」를 붙여 '어딘가'란 뜻으로 쓰임. 「だれか(누군가)」「いつか(언젠가)」「なにか(무언가)」와 같이 쓰임. 「どこかへ」는 '어딘가에'란 의미.

▌사람 세는 방법: 한자숫자+人(にん). 단 一人, 二人만은 예외.

| 何人 | | | | |
| --- | --- | --- | --- | --- |
| なんにん | | | | |

| 一人 | 二人 | 三人 | 四人 | 五人 |
| --- | --- | --- | --- | --- |
| ひとり | ふたり | さんにん | よにん | ごにん |
| 六人 | 七人 | 八人 | 九人 | 十人 |
| ろくにん | しちにん | はちにん | きゅうにん | じゅうにん |

▌날짜(며칠)

　　10일 전까지는 고유어가 쓰이고 11일부터는 한자어가 쓰인다. 단 14일, 20일, 24일 등은 특수하게 읽으므로 주의를 요한다.

| 何日 | | | | |
| --- | --- | --- | --- | --- |
| なんにち | | | | |

| 一日 | 二日 | 三日 | 四日 | 五日 |
| --- | --- | --- | --- | --- |
| ついたち | ふつか | みっか | よっか | いつか |
| 六日 | 七日 | 八日 | 九日 | 十日 |
| むいか | なのか | ようか | ここのか | とおか |
| 十一日 | 十二日 | 十三日 | 十四日 | 十五日 |
| じゅういちにち | じゅうににち | じゅうさんにち | じゅうよっか | じゅうごにち |
| 十六日 | 十七日 | 十八日 | 十九日 | 二十日 |
| じゅうろくにち | じゅうしちにち | じゅうはちにち | じゅうくにち | はつか |
| 二十一日 | 二十四日 | … | 三十日 | |
| にじゅういちにち | にじゅうよっか | … | さんじゅうにち | |

## 1 ～を　～ました。

① ひるごはんを　たべました。　　点심을 먹었습니다.

② ジュースを　のみました。　　주스를 마셨습니다.

③ びょういんへ　いきました。　　병원에 갔습니다.

④ カメラを　かいました。　　카메라를 샀습니다.

⑤ いえで　やすみました。　　집에서 쉬었습니다.

## 2 ～を　～ませんでした。

① レポートを　かきませんでした。　　레포트를 쓰지 않았습니다.

② しょくじを　しませんでした。　　식사를 하지 않았습니다.

③ くすりを　のみませんでした。　　약을 먹지 않았습니다.

④ いえに　かえりませんでした。　　집에 돌아가지 않았습니다.

⑤ おそくまで　ねませんでした。　　늦게까지 자지 못했(않았)습니다.

## 한자익히기

### 1. 읽기   다음 한자의 読み方를 익힙시다.

| | | | |
|---|---|---|---|
| 山登り | やまのぼり | 午前中 | ごぜんちゅう |
| 電話 | でんわ | 頃 | ごろ |
| 遅い | おそい | 調子 | ちょうし |
| 体 | からだ | 今度 | こんど |

### 2. 쓰기   다음 한자를 획순에 맞춰 정확하게 써 봅시다.

| | | | |
|---|---|---|---|
| 山登り | _____ | 午前中 | _____ |
| 頃 | _____ | 遅 | _____ |
| 今度 | _____ | | |

### 1. 다음 한자의 読み仮名(よみがな)가 잘못된 것은?

(1) 午前中　　➡　　ごぜんちゅう

(2) 調子　　　➡　　ちょし

(3) 今度　　　➡　　こんど

(4) 山登り　　➡　　やまのぼり

### 2. 사람 수 세기를 제대로 한 것을 고르시오.

(1) 四人　　➡　　よんにん

(2) 二人　　➡　　ににん

(3) 九人　　➡　　くにん

(4) 一人　　➡　　ひとり

### 3. 다음 표현 중 올바르게 쓰이지 않은 것을 고르시오.

(1) どこかへ　　➡　　出かける

(2) 調子が　　　➡　　いい

(3) 山登りを　　➡　　いく

(4) 電話を　　　➡　　かける

### 4. 다음 그림을 보고 몇 사람인지 일본어로 답해 보세요.

① ➡ ＿＿＿＿＿＿＿

② ➡ ＿＿＿＿＿＿＿

③ ➡ ＿＿＿＿＿＿＿

④ ➡ ＿＿＿＿＿＿＿

⑤ ➡ ＿＿＿＿＿＿＿

⑥ ➡ ＿＿＿＿＿＿＿

⑦ ➡ ＿＿＿＿＿＿＿

⑧ ➡ ＿＿＿＿＿＿＿

⑨ ➡ ＿＿＿＿＿＿＿

⑩ ➡ ＿＿＿＿＿＿＿

### 5. 다음 (    )안에 들어갈 날짜를 보기에서 골라 넣으시오.

┌─ 보기 ─────────────────────────────┐

　　はつか　　むいか　　よっか　　ふつか

　　じゅうよっか　　とおか　　ようか

└──────────────────────────────────┘

ついたち　　―（❶　　　　）―　　みっか　　―（❷　　　　）―

いつか　　―（❸　　　　）―　　なのか　　―（❹　　　　）―

ここのか　　―（❺　　　　）―　じゅういちにち　―　じゅうににち　―

じゅうさんにち　―（❻　　　　）―（❼　　　　）―　にじゅういちにち　―

にじゅうよっか　―　さんじゅうにち

## 6月

| 日 | 月 | 火 | 水 | 木 | 金 | 土 |
|---|---|---|---|---|---|---|
|  |  |  |  | 1 | 2 | 3 |
| 4 | 5 | 6<br>현충일 | 7 | 8 | 9 | 10<br>알바 |
| 11 | 12 | 13<br>일본어시험 | 14 | 15 | 16 | 17 |
| 18 | 19<br>종강 | 20 | 21 | 22 | 23 | 24<br>음악회 |
| 25 | 26 | 27<br>타나카생일 | 28 | 29 | 30 |  |

❶ 田中さんの 誕生日は 何月 何日ですか。

　➡ _____

❷ コンサートは いつですか。

　➡ _____

❸ バイトは 何日ですか。

　➡ _____

❹ 日本語の テストは いつですか。

　➡ _____

❺ 学校は いつまでですか。

　➡ _____

(1) 野村さんは　何時に　帰りましたか。

➡ 10時頃　帰りました。

(2) 野村さんは、一人で　映画を　見に　行きましたか。

➡ はい、一人で　行きました。

(3) 野村さんは　昨日の　夜　どこかへ　出かけましたか。

➡ いいえ、家に　いました。

(4) 宋さんは　昨日　何を　しましたか。

➡ サウナで　休みました。

8. 다음 문장의 (　) 안에 들어갈 조사를 보기에서 고르시오.

┌─ 보기 ─────────────────────────────┐
　　　は　　に　　が　　で　　それで　　と　　を
└──────────────────────────────────┘

❶ 野村さん、昨日の　夜 電話を　かけました(　)、どこかへ　出かけましたか。

❷ 友だち(　)　一緒に　映画を　見(　)　行きました。

❸ 遅かったですね。

えぇ、(　)　今日は　調子が　よく　ないです。

❹ 夜は　サウナ(　)　休みました。

**9. 다음 문장을 일본어로 바꾸시오.**

① 어제 점심에는 등산을 했습니다.

➡ _____

② 한국 사람은 모두 등산을 좋아합니다. 몸에 좋으니까요.

➡ _____

③ 어제 밤  늦게 전화를 걸었습니다.

➡ _____

일본의 가장 대표적인 현대시집 'サラダ記念日'입니다. 사전을 찾아 내용을 살펴봅시다. 그리고나서 내용을 생각하면서 큰 소리로 반복해서 읽어봅시다.

# サラダ記念日(短歌)

ごめんねと友に言うごと向きおれば湯のみの中を父は見ており

がつけば君の好める花模ばかり手にしている試着室

大きければいよいよ豊かなる分東急ハンズの買物袋

「寒いね」と話しかければ「寒いね」と答える人のいるあたたかさ

わからないけれどたのしいならばいいともおもえないだあれあなたは

江ノ島に遊ぶ一日それぞれの未があればは撮らず

書き終えて切手を貼ればたちまちに返事を待って時流れだす

鳴りくベルよ不在も手がかりの一つと思えばいとおしみく

食卓のビルぐらりと傾いてああそういえば東シナ海

楊貴妃の住まいを見れば吾のために池掘る男一人は欲しい

朴夫妻を三日察しておれば夫婦はついに人である

日本にいれば欲しくはならぬのに掛け軸を買う拓本を買う

コンタクトレンズはずしてまばたけばたった一人の万智ちゃんになる

# 달님과 별님

황금 접시로 토끼가 뛰어들었습니다.
황금색 별사탕이 자주색 벨벳에 확 흩어졌습니다.
토끼도 접시 안에서 황금이 되었습니다.

# 우물

카야나 마을의 아침 우물, 많은 아이들이 와 있었습니다.
카야나 마을의 우물 옆, 맨발의 아이도 와 있었습니다.
아아 샘솟아난다, 맑다, 모두가 들여다보았습니다.
모두의 귀에 걸린 귀고리도 비추었습니다.
누군가 꽃을 떨어뜨렸더니 우물에 비춘 하늘이 흔들렸습니다.
카나야 마을의 우물물 어젯밤 처음 샘솟아났습니다.

# 내가 제일 예뻤을 때

내가 제일 예뻤을 때
아무도 다정하게 선물을 주지 않았습니다.
남자들은 거수경례밖에 몰라서
예쁜 눈빛만을 남기고 떠나갔습니다.

# 第二課

# 涼しくなりました

**학습포인트**

- 형용사의 부정형
- ~くなる、~になる
- 조건문 ~と

# 涼しくなりました

西山　あ、ユンさん、お久しぶりです。

ユン　西山さん、お久しぶり。いいお天気ですね。

西山　そうですね。秋になると涼しくなりますね。

ユン　はい。紅葉もきれいになりました。

西山　ああ、紅葉狩りに行きたいな。

ユン　紅葉狩りってどういう意味ですか。

西山　紅葉狩りというのは

　　　「山へ紅葉を見に行く」という意味です。

ユン　そうですか。日本ではどこが有名ですか。

西山　京都のあらしやまが有名です。

　　　今度いっしょに行きませんか。

ユン　ありがとうございます。

　　　チェさんも　一緒にいいですか。

西山　いいですよ。一緒に行きましょう

　　　ところで、ユンさん、日本語の勉強はいかがですか。

ユン　おもしろいですが、だんだん難しくなりますね。

西山　でも、ユンさんとても上手になりましたよ。

ユン　いいえ、まだまだです。これからもっと頑張ります。

| 어휘 | | | |
|---|---|---|---|
| お久(ひさし)ぶり | 오랜만 | 天気(てんき) | 날씨 |
| そうですね | 그렇습니다, 그래요 | 涼(すず)しい | 서늘하다, 쌀쌀하다 |
| 紅葉(もみじ) | 단풍 | 紅葉狩(もみじが)り | 단풍놀이 |
| ~な | ~하면 좋을 텐데 | ~って | ~라는 것은 |
| どういう | 어떤 | 意味(いみ) | 의미 |
| ~というのは | ~라는 것은 | | |
| あらしやま | 쿄토에서 단풍으로 유명한 관광명소 | | |
| 有名(ゆうめい) | 유명 | 一緒(いっしょ)に | 같이 |
| ところで | 그런데 | いかがですか | 어떠십니까 |
| だんだん | 점점 | 難(むずか)しい | 어렵다 |
| でも | 그래도 | とても | 아주 |
| 上手(じょうず) | 솜씨가 뛰어남, 잘 함 | まだまだ | 아직(부족함을 강조) |
| これから | 지금부터 | もっと | 더욱 |
| 頑張(がんば)る | 분발하다, 힘내다 | | |

일본어의 형용사에는 기본형이 '~い'로 끝나는 い형용사와 '~だ'로 끝나는 な형용사가 있음.

な형용사는 형용동사라고도 함.

## 1 형용사 활용

1) い형용사

기본형, 현재보통 서술형, 연체형(명사수식형)이 모두 '~い'형태로 쓰임.

やさしい　　　おいしい

2) な형용사

기본형과 연체형은 '~な', 현재 보통서술형은 '~だ'로 쓰임.

きれいな　　　きれいだ

## 2 ～くなる, ～になる

동사 なる는 상태변화를 나타내는 '~이(가)되다'를 의미함.

명사, い형용사, な형용사 뒤에 붙어 '~이(가)되다' '~어지다'뜻으로 쓰임.

い형용사의 경우, 어미(마지막글자) い를 く로 바꾸어 부사형을 만든 뒤 なる를 붙이면 상태변화의 의미가 됨.

なる는 변화와 관련된 말이므로 비교를 나타내는 부사구와 같이 쓰면 의미가 더 명확해짐.

▌ 동사 なる

명사 : 会社員　⇒　会社員になる　　　　　회사원이 되다

* '~이(가) 되다'란 뜻으로 '~がなる'를 쓰지 않도록 주의!

い형용사: 暖かい ⇒ 暖かくなる　　따뜻해지다

な형용사: 好きな ⇒ 好きになる　　좋아지다


もうそろそろ秋になります。　　　　　이제 곧 가을이 됩니다.

日本語の勉強が楽しくなりました。　　일본어 공부가 즐거워졌습니다.

日本語の勉強が好きになりました。　　일본어 공부가 좋아졌습니다.

## 3　～と ～하면

동사 종지형 + とは '~하면'의 의미로 대부분 と 앞에 오는 절은 원인을 나타내고 그 뒤의 절은 결과를 나타냄.

대체로 앞 절과 뒷 절이 서로 인과관계를 이루어 어떤 것이 계기가 되면 항상 자연적으로 다음 일이 일어남.

뒷 절에 형용사가 오면 대체로 변화를 의미하는 ～くなる, ～になる의 형태가 됨.

私は ユンさんと 話すと 元気になります。

나는 윤〇〇씨와 이야기하면 힘이 납니다.

李さんが 国に 帰るとさびしくなります。

이〇〇씨가 한국으로 돌아가면 쓸쓸해집니다.

秋になると 風がつよくなります。

가을이 되면 바람이 세집니다.

夏になると海は人が多くなります。

여름이 되면 바다에는 사람이 많아집니다.

夜になると 町が 静かになります。

밤이 되면 마을이 조용해집니다.

## 1 ~くなる

① 来月から家賃(やちん)がたかくなります。

다음 달부터 집세가 비싸집니다.

② アパートが広くなりました。

아파트가 넓어졌습니다.

③ 気持ちがよくなりました。

기분이 좋아졌습니다.

④ 背が高くなりました。

키가 커졌습니다.

⑤ 値段が安くなりました。

값이 싸졌습니다.

## 2 ~になる

① この薬を飲むと元気になります。

이 약을 먹으면 건강해집니다.

② ソウルは夜もにぎやかになります。

서울은 밤에도 시끌시끌합니다.

③ たばこがきらいになりました。

담배가 싫어졌습니다.

④ 日本語がだんだんすきになりました。

일본어가 점점 좋아졌습니다.

⑤ へやがきれいになりました。

방이 깨끗해졌습니다.

## 3 ~と

① クラシックを聞くとねむくなります。

클래식을 들으면 졸리게 됩니다.

② 毎日たくさんお酒を飲むと体が悪くなります。

매일 술을 많이 마시면 몸이 나빠집니다.

③ インターネットで買うと安くなります。

인터넷으로 사면 싸집니다.

④ 本屋へ行くと本がほしくなります。

책방에 가면 책을 사고 싶어집니다.

⑤ 冷たいものを食べると頭がいたくなります。

차가운 것을 먹으면 머리가 아파집니다.

---

### 1. 읽기　다음 한자의 読み方를 익힙시다.

| | | | |
|---|---|---|---|
| 久しぶり | ひさしぶり | 天気 | てんき |
| 一緒 | いっしょ | 上手 | じょうず |
| 涼しい | すずしい | 紅葉狩り | もみじがり |
| 有名 | ゆうめい | 意味 | いみ |
| 難しい | むずかしい | 頑張る | がんばる |

### 2. 쓰기　다음 한자를 획순에 맞춰 정확하게 써 봅시다.

| | | | |
|---|---|---|---|
| 久 | _____ | 天気 | _____ |
| 一緒 | _____ | 上手 | _____ |
| 涼 | _____ | 紅葉 | _____ |
| 狩 | _____ | 有名 | _____ |
| 意味 | _____ | 難 | _____ |
| 頑張 | _____ | | |

## 연습문제

　　1. 다음 빈칸에 알맞은 표현을 선택해 보세요.

**①** 東京の夏は、＿＿＿＿＿＿＿＿＿＿＿＿。

(1) 涼しいです　　　　　(2) 涼しくないです

(3) 涼しくなります　　　(4) 涼しいなです

**②** ピアノが最近　＿＿＿＿＿＿＿＿＿＿＿。

(1) 上手です　　　　　　(2) 上手でした

(3) 上手になりました　　(4) 上手くなりました

**③** 京都は秋になる　＿＿＿＿もみじがとてもきれいです。

(1) と　　　　　　　　　(2) には

(3) から　　　　　　　　(4) も

보기

便利になりました　　　　　親切になりました
まじめになりました　　　　しくなりましたね
おいしくなりました　　　　つめたくなりました
すき(きらい)になりました　難しくなります
有名になりました　　　　　痛くなりました
くなりました

①

이 가게의 초밥이 맛있어졌습니다.

➡ この店のおすしが _____

②

일본어가 점점 어려워집니다.

➡ 日本語がだんだん _____

③

그녀가 냉정해졌습니다.

➡ 彼女が _____

④

감기로 목이 아파졌습니다.

➡ 風邪でのどが _____

⑤

요즘 바빠졌습니다.

➡ 最近忙 _____

**6**

물가가 비싸졌습니다.

➡ 物価が高

**7**

보아는 일본에서 유명해졌습니다.

➡ ボアは日本で

**8**

이 동네는 교통이 편리해졌습니다.

➡ この町は交通が

**9**

일본어 선생님이 친절해졌습니다.

➡ 日本語の先生が

**10**

당신이 좋아(싫어)졌습니다.

➡ あなたが

일본의 가장 대표적인 옛날 이야기인 'かぐやひめ'입니다. 사전을 찾아 내용을 살펴봅시다. 그리고나서 내용을 생각하면서 큰 소리로 반복해서 읽어봅시다.

# かぐやひめ

むかし、「竹とりのおきな」という おじいさんが、おばあさんと ふたりで すんで いました。

おじいさんは、いつものように、山へ、竹を 切りに 行きました。

竹の 中には、きらきら 光る、小さな 女の子が いました。

おじいさんは、その子を てのひらに のせて、うちへ かえりました。

さびしかった うちの中が、きゅうに にぎやかになりました。

女の子は、ぐんぐん 大きくなって、もう すっかり、ふつうの人の 大きさに なりました。

そのうえ、たいへん うつくしくなって、この子が いると、家の すみずみまで 明るくなります。

おじいさんと おばあさんは、この子に、「かぐやひめ」という 名を つけました。

# 단풍놀이(紅葉狩り もみじがり)

　일본의 가을을 대표하는 것으로 もみじ(단풍)를 들 수 있습니다. 일본인은 봄에는 벚꽃, 가을에는 단풍을 보러 가는 관습이 있습니다.

　그래서 일본인은 가을하면 제일 먼저 もみじがり(단풍놀이)를 떠올립니다. 그리고 가을 하늘 아래서 단풍을 바라보며 노천온천을 하는 것을 최고의 즐거움으로 여깁니다.

　もみじがり라는 단어는 1200년 이상의 이전 나라(奈良)시대에 이미 존재했다고 하는데 산으로 단풍을 보러 간다는 의미입니다.

　もみじ는 단풍의 뜻이고 がり란 말은 원래 짐승을 잡는다는 의미였는데 그것이 점점 확대되어 과일을 따거나 화초를 보러 가는 경우에도 쓰이게 되었습니다.

　단풍을 보면서 산과 들을 거니는 것을 수렵에 비유한 데서 유래하는데 옛날에는 실제로 단풍나무 가지를 꺾어 모아 보고 즐겼다는 설도 있습니다.

　최근에는 당일치기로 과일을 직접 수확하는 체험을 할 수 있는 레저로 발전하여 계절에 따라いちご狩り(딸기 따기), ぶどう狩り(포도 따기), りんご狩り(사과 따기), なし狩り(배 따기), みかん狩り(귤 따기), まつたけ狩り(송이버섯 캐기), いも狩り(고구마 캐기)등 다양하게 준비되어 있습니다.

　히로시마를 대표하는 특산물로 단풍모양의 만주인 もみじまんじゅう도 있습니다.

# Memo

# 第三課

# 温泉旅行

# 第三課
# 温泉旅行

西山　李さん、今度の日曜日に何をしますか。

李　　午前中に洗濯と掃除をして、スーパーへ行くつもりです。

　　　それからレポートを書いて、テレビを見たり音楽を聞いたり

　　　するつもりです。

西山　クラスのみんなで日光の温泉へ行くつもりですが、李さんも

いっしょに行きませんか。

李　私も行っていいんですか。ぜひ行きたいです。

西山　その日は、お寺を見てから温泉へ行きます。

李　楽しみです。ところで、日本人はよく温泉へ行きますけど、温泉へ行って何をしますか。

西山　そうですね…。まず、温泉に入ってのんびりします。それから、温泉街を歩いたり、おいしいものを食べたりします。夜は、お酒を飲んだり、カラオケで歌ったりする人もいます。

李　露天風呂もありますか。

西山　ええ、ありますよ。私は露天風呂が大好きです。朝、露天風呂に入ってからおいしい朝ご飯が食べたいです。

| 어휘 | | | |
|---|---|---|---|
| 温泉(おんせん) | 온천 | 旅行(りょこう) | 여행 |
| 午前中(ごぜんちゅう)に | 오전 중에 | 洗濯(せんたく) | 빨래 |
| 掃除(そうじ) | 청소 | スーパー | 슈퍼 |
| ～つもり | ~생각(~할 생각) | それから | 그리고나서 |
| 音楽(おんがく) | 음악 | クラス | 학급, 반 |
| みんなで | 모두(가) | | |
| 日光(にっこう) | 일본 유명 온천지로 관동지역 토치기(栃木)현 소재 | | |
| ぜひ | 꼭 | | |
| お寺(てら) | 절(お는 美化語로 높임말이었으나 지금은 큰 의미 없이 관용적으로 붙여 쓴다) | | |
| 楽(たの)しみ | 즐거움, 기대 | まず | 우선 |
| のんびりする | 유유자적하다 | 温泉街(おんせんがい) | 온천마을 |
| 歩(ある)く | 걷다 | 露天風呂(ろてんぶろ) | 노천탕 |
| 大好(だいす)きだ | 아주 좋아하다 | | |

### 1 동사 -て形 ～하고, ～해서

1) 단순 접속 : ～하고

　　朝早く起きる＋散歩をする ⇒ 朝早く起きて散歩をする。
　　　　　　　　　　　　　　　　　　아침 일찍 일어나서 산책을 한다.

　　日記をつける＋寝る ⇒ 日記をつけて寝る。일기를 쓰고 잔다.

2) 원인·이유 : ～해서

　　かぜをひく＋病院へいく ⇒ かぜをひいて病院へいく。
　　　　　　　　　　　　　　　　　　감기에 걸려서 병원에 간다.

　　日本語の勉強を頑張りました＋上手になりました
　　⇒ 日本語の勉強を頑張って上手になりました。
　　　　　　일본어 공부를 열심히 해서 잘하게 되었습니다.

☞ て형의 변화규칙

　て형의 동사변화는 ru동사, u동사와 변격동사에 따라 각각 다른 규칙을 갖고 있어 매우 복잡하므로, 정확히 익혀 사용해야 한다. 게다가 u동사의 변화형은 다음과 같이 5가지로 나누어진다.

1) ru동사의 경우 규칙이 매우 간단하여 る를 떼고 て를 붙이면 된다.
　　食べる ⇒ 食べて
　　起きる ⇒ 起きて
　　見る ⇒ 見て

2) u동사는 기본형의 마지막 음절에 따라서 몇 가지 그룹으로 나눠진다.
　　① う、つ、る로 끝나는 u동사
　　買う ⇒ 買って

待つ　　⇒　　待って

　　　頑張る　　⇒　　頑張って
　　(がんば)　　　　　(がんば)

② ぬ、ぶ、む로 끝나는 u동사

　　　死ぬ　　⇒　　　死んで

　　　遊ぶ　　⇒　　　遊んで

　　　休む　　⇒　　　休んで

③ く로 끝나는 u동사

　　　書く　　⇒　　　書いて

　　　☹ 단 예외인 동사도 있다.

　　　行く　　⇒　　　行って

④ ぐ로 끝나는 u동사

　　　泳ぐ　　⇒　　泳いで

⑤ す로 끝나는 u동사

　　　話す　　⇒　　話して

　　　☞ 이 중 ①②③을 音便形(발음하기 편리하게 내는 소리)이라 하며 변화
　　　　하는 음절을 기준으로 하여 ①을 っ音便(促音便), ②를 ん音便(撥音便),
　　　　③을 い音便이라고 한다.


3) 변격동사 する와 くる는 아래와 같이 변형된다.

　　する　　⇒　　して

　　くる　　⇒　　きて


☹ u동사에서 て형과 ます형은 완전히 다른 구조라는 것에 주의. 흔히 ru동사에
　서 나타나는 단순한 동사변화형이(食べます - 食べて) u동사의 경우에도 마
　찬가지일 것이라고 착각하여 会いて(会います - 会いて), 読みて(読みます -
　読みて)와 같이 잘못된 형태로 쓰는 경우가 많다. 그러므로 학습 단계에서 동
　사를 書く-書きます-書いて와 같이 한 세트로 암기하는 것이 더 쉽다.

**2**  동사 −てから  ~하고나서(~한 뒤에)

동사−て−동사의 경우 두 가지 사건이나 동작이 일어났음을 나타내는데 비해 동사−てから는 두 동사의 전후관계가 명확하다. 그러나 두말할 필요도 없이 전후가 명확할 경우 −てから는 쓰지 않는다.

山田さんが帰ってから富永さんが来ました。

야마다씨가 돌아간 뒤에 도미나가씨가 왔습니다.

バスに乗ってから学校の前で降りました(×)。

버스를 타고나서 학교 앞에서 내렸습니다.

**3**  ~たり~たりする  ~하거나 ~하거나 한다
           (~하기도 하고 ~하기도 한다)

다음 예문에서와 같이 て형을 써서 두 문장을 연결할 수 있다.

大阪で買い物をして、 お好み焼きを食べます。

오사카에서 쇼핑을 하고 오코노미야키를 먹습니다.

그러나 이 문장은 오사카에서 쇼핑과 식사만 한다는 것을 의미한다. 이에 반해 ~たり~たりする라고 하면 여러 동작 중 예로 들어 몇 개의 사항을 열거하거나 하나의 예를 들어 대표할 때 쓸 수 있다.

大阪で買い物をしたり、 お好み焼きを食べたりします。

오사카에서 쇼핑을 하거나, 오코노미야키를 먹거나 합니다(다른 일도 할 수 있음).

大阪へ行くと買い物をしたりします。

오사카에 가면 쇼핑을 하거나 합니다.

☞ 동사변화 규칙은 て형과 같다.

　1) ru동사

　　食べる　⇒　食べたり

　　見る　⇒　見たり


　2) u동사

　　つ音便

　　買う　⇒　　買ったり

　　待つ　⇒　　待ったり

　　頑張る　⇒　頑張ったり

　　ん音便

　　死ぬ　⇒　　死んだり

　　遊ぶ　⇒　　遊んだり

　　休む　⇒　　休んだり

　　イ音便

　　書く　⇒　　書いたり

　☹ 行く　⇒　　行ったり

　　泳ぐ　⇒　　泳いだり

　　話す　⇒　　話したり


　3) 변격동사

　　来る　⇒　　来たり

　　する　⇒　　したり

　☹ 문장 끝의 보조동사 する는 문장의 시제를 나타낸다는 것에 주의.

　　週末は、勉強したり、友だちと遊んだりしました。

　　주말에는 공부하거나 친구와 놀거나 했습니다.

### 1 동사 ーて形

① 日本語の勉強を頑張って日本語の先生になります。

일본어 공부를 열심히 하여 일본어 선생님이 되겠습니다.

② 毎朝、地下鉄に乗って会社へ行きます。

매일 아침, 지하철을 타고 회사에 갑니다.

③ バスを降りてまっすぐ行くと病院があります。

버스에서 내려서 똑바로 가면 병원이 있습니다.

④ 郵便局に行って、切手を買って、手紙を出します。

우체국에 가서 우표를 사고 편지를 부칩니다.

⑤ 一日中休んで元気になりました。

하루 종일 쉬어서 건강해졌습니다.

### 2 동사 ーてから

① 朝御飯を食べてから新聞を読みます。

아침밥을 먹고 난 뒤 신문을 읽습니다.

② 明日の朝、プールで泳いでから会社に行くつもりです。

내일 아침에 풀장에서 수영을 하고나서 회사에 갈 생각입니다.

③ 手を洗ってから食事をします。

손을 씻고 나서 식사를 합니다.

④ 友達を三時間も待ってから帰りました。

친구를 세 시간이나 기다리고 나서 돌아갔습니다.

⑤ お風呂に入ってから寝ます。

목욕을 하고 나서 잡니다.

**③ 동사 -たり -たりする**

① 休みの日は友達に会って、一緒にショッピングをしたり映画を見たりします。

쉬는 날에는 친구를 만나서 같이 쇼핑을 하거나 영화를 보거나 합니다.

② 日本へ行って京都や大阪を観光したり、ラーメンやお寿司を食べたりしたいです。

일본에 가서 교토와 오사카를 관광하거나 라면과 초밥을 먹고 싶습니다.

③ 春は花見に行ったりドライブにでかけたりする人が多いです。

봄에는 꽃구경을 가거나 드라이브를 나가거나 하는 사람이 많습니다.

④ 明日は家で本を読んだりアメリカの友だちに手紙を書いたりするつもりです。

내일은 집에서 책을 읽거나 미국에 있는 친구에게 편지를 쓰거나 할 생각입니다.

# 한자익히기

## 1. 읽기   다음 한자의 読み方를 익힙시다.

| | | | |
|---|---|---|---|
| 午前中 | ごぜんちゅう | 洗濯 | せんたく |
| 掃除 | そうじ | 音楽 | おんがく |
| 日光 | にっこう | 寺 | てら |
| 旅行 | りょこう | 楽しみ | たのしみ |
| 酒 | さけ | 温泉街 | おんせんがい |
| 露天風呂 | ろてんぶろ | | |

## 2. 쓰기   다음 한자를 획순에 맞춰 정확하게 써 봅시다.

| | | | |
|---|---|---|---|
| 午前中 | _____ | 洗濯 | _____ |
| 掃除 | _____ | 音楽 | _____ |
| 寺 | _____ | 旅行 | _____ |
| 楽 | _____ | 酒 | _____ |
| 温泉街 | _____ | 露天風呂 | _____ |

## 연습문제

### 1. 다음 밑줄 친 동사를 て형으로 바꾸시오.

① デパートへ<u>いく</u>、買い物をしました。

  ➡ _____

② 朝早く<u>おきる</u>、散歩をします。

  ➡ _____

③ 毎日学校まで<u>あるく</u>、行きます。

  ➡ _____

④ 日曜日は<u>やすむ</u>、月曜日から土曜日まで働きます。

  ➡ _____

⑤ 日本人ははしを<u>つかう</u>、ご飯を食べます。

  ➡ _____


### 2. 다음 중 틀린 문장을 모두 찾으시오 .

① 学校ではひらがなをならいてから、かたかなをならいます。

  ➡ _____

② 風邪をひいて薬をのんでから、ねました。

  ➡ _____

③ 晩御飯をいっぱい食べてから遅くまで勉強をしました。

➡ _____

④ 会社がおわりてから、飲みに行きませんか。

➡ _____

⑤ 電話をかけてから、金田さんに会いましょう。

➡ _____

⑥ 韓国へ帰ってから何をしますか。

➡ _____

① ここで食べたり飲んだりします        •    • 駅

② ここでジョギングをしたり、散歩をしたりします。   •    • 図書館

③ ここで友達と話したり、勉強したりします。    •    • 学校

④ ここで新聞を読んだり、本を借りたりします。    •    • レストラン

⑤ ここで切手を買ったり、手紙を出したりします   •    • 公園

⑥ ここでお金を出したり、入れたりします。     •    • 銀行

⑦ ここで電車に乗ったり、降りたりします。     •    • 郵便局

일본 초등학교 2학년 국어교과서 글입니다. 사전을 찾아 내용을 살펴봅시다.
그리고나서 내용을 생각하면서 큰 소리로 반복해서 읽어봅시다.

## ひとりと みんな

　ある　こどもが、おかしいゆめを　見ました。自分のほかに　だれも　いない　ゆめです。どこに　行っても、自分　ひとりなのです。

　その　子は、おもしろく　なりました。だれも　いない　おかしやさんから　チョコレートを　とって　きて　食べたり、だれも　いない　バスに　のって、うんてんの　まねを　したり　しました。

　でも、その　うちに、なんだか　つまらなく　なりました。

　こまって、さびしくて、ないてから　目が　さめました。わたしたちの　まわりには、たくさんの　人が　います。それで、わたしたちは、こまったり　さびしく　なったり　しないで、くらす　ことが　できます。

　みなさんも、おかあさんの　おてつだいを　したり、おとうさんの　おつかいに　行ったり　する　ことが　ありますね。

(しょうがく　しんこくご　二年下　光村図書出版株式会社)

# 온천(温泉)

생활습관이 서양화되어도 일본인이 목욕을 좋아하는 것은 예나 지금이나 변함이 없습니다. 젊은층에서는 샤워로만 끝내는 사람들도 늘어나고 있지만 아직 많은 일본인들이 하루의 피로를 풀기 위해 욕조 가득 더운물을 받아 몸을 담그는 목욕 법을 즐기고 있습니다. 특히 겨울에는 히터를 끄면 추워지기 때문에 욕조에 담궈 몸을 덥힌 다음 식기 전에 자는 것이 일반적입니다.

그러므로 주로 자기 전에 목욕을 하는데 몸을 닦는 것도 욕조 안이 아닌 밖에서 합니다. 그렇기 때문에 욕조 물이 그다지 더럽지 않아 누군가 입욕을 한 후 다음 사람이 할 때 욕조 물을 버리고 새로 물을 받아 하는 일은 없습니다. 간혹 아주 가깝거나 귀하다고 생각되는 손님이 올 경우 먼저 손님을 담그게 한 뒤 가족이 이용합니다.

습하고 무더운 여름에도 땀으로 끈적끈적해진 몸을 뜨거운 물에 담그고 나면 개운해지므로 이와 같은 목욕을 즐깁니다. 따라서 간혹 나이든 사람이 목욕 중에 혈압으로 죽는 사고가 많아 주의를 주기도 합니다.

이처럼 목욕이 자연스럽게 온천으로 이어져 온천여행이 많아진 것입니다. 최근에는 温泉のもと라고 하여 전국 각 지역의 온천 성분 가루를 집안 욕조에 풀어 사용하기도 합니다.

화산의 나라 일본에는 현재 3000개 이상의 온천이 있습니다. 옥외에 있는 노천온천(露天温泉)도 있는가 하면 깊은 산속에 자리 잡고 있는 온천도 있고 남녀혼욕 온천도 있습니다.

또한 상처를 입은 동물들까지 온천에 몸을 담궈 치료하는 경우도 있습니다. 최근에는 애완동물 붐으로 인해 동물과 함께 하는 온천도 생겨나고 있는 추세입니다.

온천을 즐기는 일본인들의 취향이 반영되어 일본 전국 각지에 온천마을이 조성되고 있는데 그 중에서도 가장 유명한 곳이 아타미(熱海)와 벳푸(別府)의 온천마을입니다. 말 그대로 온 마을이 온통 온천입니다.

단 온천에 따라 매일 남탕과 여탕이 바뀌는 곳도 있으므로 꼭 확인하고 이용해야 합니다.

# 第四課

# ホームステイ

# 第四課
# ホームステイ

西山　これは李さんの家族の写真ですか。

李　　いいえ、ホームステイ先の家族の写真です。二年前、いっ

　　　しょに沖縄へ行ってとりました。

西山　これはお父さんですか。

李　　はい、そうです。お父さんは病院に勤めています。毎日、

　　　仕事が多くて帰りが遅いです。

西山　それは大変ですね。これはお母さんですか。お母さんも仕事をしていますか。

李　はい、高校の先生で英語を教えています。

西山　お子さんは二人ですね。二人とも学生ですか。

李　いいえ、お姉さんは教師でしたが、今は子供が小さいから働いていません。

西山　弟さんは?

李　中学生です。私といっしょにゲームセンターへ行ったり、テニスをしたりしました。

西山　そうですか。よかったですね。ホームステイは楽しかったですか。

李　はい、楽しかったです。そして、とてもいい家族でした。

| 어휘 | | | |
|---|---|---|---|
| ホームステイ | 홈스테이 | 写真(しゃしん)を撮(と)る | 사진을 찍다 |
| ホームステイ先(さき) | 홈스테이 가정 | 病院(びょういん) | 병원 |
| 勤(つと)める | 근무하다 | 仕事(しごと) | 일 |
| 帰(かえ)り | 귀가 | 遅(おそ)い | 늦다 |
| 大変(たいへん)だ | 힘들다 | 教(おし)える | 가르치다 |
| お子(こ)さん | 남의 집 아이를 부를 때 | | |
| 二人(ふたり)とも | 둘 다 | 教師(きょうし) | 교사 |
| 今(いま) | 지금 | 働(はたら)く | 일하다 |
| 中学生(ちゅうがくせい) | 중학생 | ゲームセンター | 게임센터, 오락실 |

## 1 ~ている ~고 있다, ~어 있다

동사 て형에 いる가 붙으면 크게 아래와 같은 뜻으로 쓰인다.

1) 동작의 진행

隆一さんは今コインランドリーで洗濯をしています。

류이치씨는 지금 코인 란도리(동전 세탁기)로 빨래를 하고 있습니다.

山田さんはお酒を飲んでカラオケで歌っています。

야마다씨는 술을 마시고 가라오케에서 노래하고 있습니다.

2) 결과의 상태 및 단순상태

佐々木さんはもう学校に来ています。

사사키씨는 벌써 학교에 와 있습니다.

あの子はお父さんに似ています。

저 아이는 아버지를 닮았습니다.

☞ 이 두 가지 중 어느 뜻으로 쓰이는가의 여부는 동사의 성격에 따라 결정되는 경우가 많다. 食べる, 読む, 待つ와 같이 계속되는 동작을 나타내는 동사의 경우 て형에 いる가 붙어 진행형을 나타내는 문장이 된다.

結婚する, 住む와 같이 상태를 나타내는 동사는 ~ている의 형태로 변화의 결과를 나타낸다.

野々村さんは学食で昼御飯を食べています。

노노무라씨는 학생식당에서 점심을 먹고 있습니다.

山下先生は結婚しています。

야마시타 선생님은 결혼했습니다.

☞ 직업을 나타내는 경우에도 ~ている가 쓰인다. 아래의 예문은 두 가지로 해석될 수 있다. 하나는 지금 이 순간에 영어를 가르치고 있다는 뜻이고, 또 하나는 영어 선생님이라는 뜻이다.

私は英語を教えています。
나는 영어를 가르칩니다. / 나는 (지금) 영어를 가르치고 있습니다.

☞ ~ている형태로 자주 쓰이는 동사
持っている　知っている　太っている　やせている　着ている　起きている
住んでいる　勤めている　似ている　死んでいる　結婚している

☹☹

1) 行く와 来る와 같은 동사도 行っている와 来ている의 형태로 현재 진행 중인 동작이 아니라 전의 동작에 의해 이루어진 현재의 상태를 나타낸다. 아래 문장의 뜻에 주의하여야 한다.

中国に行っています。　　　　　　　　중국에 가 있습니다.
　　　　　　　　　　　　　　　　　　(중국에 가고 있습니다. X)
うちに来ています。　　　　　　　　　집에 와 있습니다.
　　　　　　　　　　　　　　　　　　(집에 오고 있습니다. X)

2) 동사변화에 주의 : いる는 아래와 같이 ru동사로 변화된다.
食べている　　　　　　食べています　　　　　食べていません
食べていました　　　　　　　　　　　食べていませんでした

## 2　~てある ~어 있다

　~ている에는 동작 작용이 이루어진 결과 상태를 나타내는 의미가 있는데 ~てある에도 같은 의미가 있다. 단 ~ている가 동작을 행한 주체를 의식하지 않고 동

작·작용이 행해진 사실만을 표현한데 비해 ～てある는 동작을 행한 주체를 의식한 표현이다. 그러므로 상태의 의미로 쓰인 경우 ～ている가 자동사에 쓰이는데 반해 ～てある는 타동사에 쓰인다.

窓が開いていますね。
창문이 열려 있군요(저절로).
窓が開けてありますね。
창문이 열려 있군요(연 사람이 있음을 의식).
新しいらーめんやさんの前に人が並んでいます。
새 라면 집 앞에 사람이 줄서 있습니다.
デパートのショーウィンドーに品物(商品)が並べてあります。
백화점 쇼윈도에 물건이 진열되어 있습니다.


☹☹

～ている가 타동사에 붙을 경우에는 상태의 의미는 없고 동작 진행의 의미로 쓰였다는데 주의.

窓を開けています。    창문을 열고 있습니다.

## 1 ~ている

① 音楽を聞きながら勉強をしています。

음악을 들으면서 공부를 하고 있습니다.

② パクさんはいつも日本語で話しています。

박○○씨는 언제나 일본어로 말하고 있습니다.

③ 毎日、NHKを見ています。

매일 NHK를 보고 있습니다.

④ 母は夕ご飯を作っています。

어머니는 저녁밥을 짓고 있습니다.

⑤ 郵便局は午後4時半まで開いています。

우체국은 오후 4시 반까지 열려 있습니다.

⑥ 父は今、でかけています。

아버지는 지금 외출 중입니다.

⑦ 田中さんは部屋の中に入っています。

다나카씨는 방 안에 들어가 있습니다.

⑧ 私はボアのCDを全部持っています。

나는 보아의 CD를 전부 가지고 있습니다.

## ❷ ~てある

① 黒板に何か書いてありますね。

칠판에 뭔가 쓰여 있군요.

② 私の部屋には大好きなアイドルのポスターがはってあります。

내 방에는 내가 아주 좋아하는 아이돌의 포스터가 붙어 있습니다.

③ ビールは冷蔵庫の中に入れてあります。

맥주는 냉장고 안에 들어 있습니다.

④ ドアは全部しめてあります。

문은 전부 닫혀 있습니다.

⑤ 私の車は学校の前にとめてあります。

내 차는 학교 앞에 세워져 있습니다.

## 한자익히기

### 1. 읽기  다음 한자의 読み方를 익힙시다.

| | | | |
|---|---|---|---|
| 家族 | かぞく | 写真 | しゃしん |
| 先 | さき | 沖縄 | おきなわ |
| 病院 | びょういん | 勤める | つとめる |
| 仕事 | しごと | 帰り | かえり |
| 遅い | おそい | 教える | おしえる |
| 教師 | きょうし | 働く | はたらく |
| 中学生 | ちゅうがくせい | 高校 | こうこう |

### 2. 쓰기  다음 한자를 획순에 맞춰 정확하게 써 봅시다.

| | | | |
|---|---|---|---|
| 家族 | _____ | 写真 | _____ |
| 病院 | _____ | 勤 | _____ |
| 仕事 | _____ | 遅 | _____ |
| 教師 | _____ | 働 | _____ |
| 中学生 | _____ | 高校 | _____ |

## 연습문제

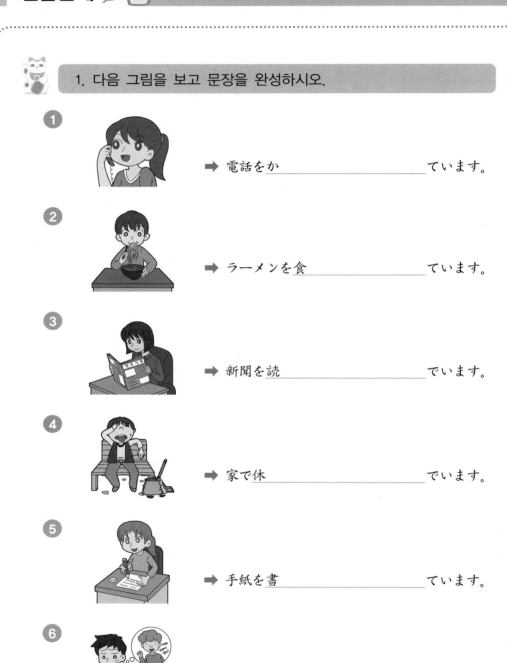

**1. 다음 그림을 보고 문장을 완성하시오.**

① ➡ 電話をか_____ています。

② ➡ ラーメンを食_____ています。

③ ➡ 新聞を読_____でいます。

④ ➡ 家で休_____でいます。

⑤ ➡ 手紙を書_____ています。

⑥ ➡ 友達を待_____ています。

## 2. ( )안에 알맞은 말을 넣으시오.

**1** 窓があけて(　　　　)。

**2** 佐藤さんが部屋で寝て(　　　　)。

**3** 黒板に何か書いて(　　　　)。

**4** 金さんが公園で子供と遊んで(　　　　)。

**5** ユン先生が車に乗って(　　　　)。

**6** 田中さんはもう日本に行って(　　　　)。

## 3. 다음 문장에 맞는 동사를 보기에서 고르시오.

┌─ 보기 ─────────────────────────────┐
　　　　① かけている　　② はいている
　　　　③ きている　　　④ しめている
└──────────────────────────────────┘

**1** 中村さんは冬のセーターを＿＿＿＿＿＿＿＿＿＿＿。

**2** 木坂先生もめがねを＿＿＿＿＿＿＿＿＿＿＿＿＿＿。

**3** 黒川さんは短いスカートを＿＿＿＿＿＿＿＿＿＿＿。

**4** 村上さんはズボンとくつを＿＿＿＿＿＿＿＿＿＿＿。

**5** パクさんは明るいネクタイを＿＿＿＿＿＿＿＿＿＿。

안데르센의 대표적인 동화 '벌거벗은 임금님'입니다. 사전을 찾아 내용을 살펴 봅시다. 내용을 생각하면서 큰 소리로 반복해서 읽어봅시다.


# 王さまの新しい服


　むかし、ある国に、たいへんおしゃれな王さまがありました。なにしろこの王さまときたら、何千着もの服をもち、毎日、一時間おきに着かえ、そのたびに三十分ずつかかるというのですから、みんなこまっていました。

　ある日王様から命令を受けた大臣は、服を見に行きました。二人の男は、色の名を言ったり、がらを説明したりしました。大臣は、熱心に聞いていました。

　…服には、長いすそが付いているということでした。そこで、二人のけらいが、両手ですそをささげているようなかっこうで、しずしずと歩きだしました。道ばたに出ている人々も、まどから見ている人々も、口々に言いました。

　「なんと、王様の新しい服はすばらしいことか。」

　ところが、とつぜん、ひとりの小さいこどもが言いました。

　「王様は、服なんか着ていないよ。」


（アンデルセン『王さまの新しい服』より）

# 홈스테이와 홈비지트(ホームステイ&ホームビジット)

일본에서 생활하다보면 한번쯤은 일본가정의 생활상을 엿보고 싶어집니다. 일본의 일반가정에 묵으며 허물없는 시간을 그들 가족(ホストファミリー)과 함께 지내며 식사를 하거나 담소를 나누거나 구경 나가거나 해보는 생활이 바로 홈스테이인데 대개 1박2일부터 2주일가량이 일반적입니다.

묵는 게 불편한 사람에게는 홈비지트가 좋습니다. 홈비지트는, 일본가정을 방문하여 일본 가족과 교류를 한다는 점에선 홈스테이와 전혀 차이가 없는데 숙박하지 않는다는 점이 다릅니다.

일본인 가족과 직접 접해 일본생활을 체험하는 일은 일본문화를 이해하는데 있어 가장 유효한 수단이라 할 수 있습니다. 최근에는 일본에서도 외국인들과 접하는 기회가 늘고는 있지만 아직 충분한 정도는 아닙니다. 특히 외국=서양이란 의식이 강한 일본에 있어서 한국이나 중국을 비롯한 아시아와의 교류는 상대적으로 드물다 하겠습니다.

이 때문에 받아들이는 일본 가정에 있어서도 홈스테이는 외국인들과 직접 접하여 외국문화를 이해함과 동시에 집안에 앉아 세계 각국 사람들과 친구가 될 수 있는 절호의 기회인 것입니다.

그러므로 지금 일본에서는 이러한 홈스테이와 홈비지트가 시민차원에서 적극적으로 이뤄지고 있습니다. 유학생이나 일본으로 일하러 온 외국인들과의 국제교류를 추진하기 위해 홈스테이와 홈비지트를 위한 자원봉사 제도를 만드는 곳이 매년 늘고 있습니다.

단 호스트패밀리의 대부분은 자원봉사자입니다.

# Memo

# 第五課

# 病院へ行った?

## 학습포인트

- 과거 완료형 ~た
- 부정형 ~ない
- 과거 경험 ~たことがある

# 第五課
# 病院へ行った?

日本語入門 − 向上編

中村　あら、李さん、どうしたの。顔色がとても悪いよ。

李　　ずっと忙しかったから、風邪をひいたみたい。

　　　昨日の夜から体の調子が悪いの。

中村　病院は行った?

李　　さっき行ってきた。

中村　大変だね。ところでレポートはもう書いた?

李　　うん。レポートはもう書いたけど、明日出す。

中村　先生に風邪のことを言った?

李　　うん、今朝、先生と電話で話したよ。とてもやさしかった。

中村　よかったね。　昼ご飯はちゃんと食べた?

李　　ううん。あまり食欲がないから…。でも、あたたかいスープ
　　　が飲みたいな。

中村　ラーメンはどう?　駅の近くに新しいラーメン屋さんができたの。
　　　とてもおいしいよ。　李さん、行ったことがある?

李　　行ったことはないけど、そのラーメン屋さんの話は聞いたこ
　　　とがあるよ。

中村　じゃ、その店に行かない?

李　　うん。

| 어휘 | | | |
|---|---|---|---|
| 病院(びょういん) | 병원 | あら | 어라(감탄사) |
| どうした | 어떻게 된거니 | 顔色(かおいろ) | 얼굴색 |
| 悪(わる)い | 나쁘다 | ずっと | 쭉, 계속해서 |
| 忙(いそが)しい | 바쁘다 | 風邪(かぜ)をひく | 감기 걸리다 |
| みたい | ~것같다, ようだ의 회화체 | | |
| 体(からだ)の調子(ちょうし) | 몸 상태, 컨디션 | さっき | 아까, 조금 전 |
| もう | 벌써 | 出(だ)す | 제출하다, 내다 |
| こと | 것, 형식명사로 단독으로 쓸 수 없다(風邪のこと:감기에 관한 것) | | |
| うん | 응, 네의 친근한 표현 | | |
| 今朝(けさ) | 오늘아침 | やさしい | 상냥하다 |
| よかった | 잘됐다 | 昼ご飯(ひるごはん) | 점심 |
| ちゃんと | 제대로, 잘 | 食欲(しょくよく) | 식욕 |
| スープ | 수프, 국물 | 近(ちか)く | 근처, 가까이 |
| 新(あたら)しい | 새롭다, 새로운 | ラーメン屋(や)さん | 라면 집 |
| おいしい | 맛있다 | 店(みせ) | 가게 |

### 1 　た形　~었(~았)다

동사에 た를 붙여 과거, 완료의 의미를 나타낸다. '-て' '-たり'와 마찬가지 형태로 바뀐다.

| | 基本型 | た形 | て形 | たり形 | |
|---|---|---|---|---|---|
| u動詞 | かく | かいた | かいて | かいたり | イ音便 |
| | およぐ | およいだ | およいで | およいだり | |
| | いく | いった | いって | いったり | 促音便 |
| | ならう | ならった | ならって | ならったり | |
| | まつ | まった | まって | まったり | |
| | とる | とった | とって | とったり | |
| | しぬ | しんだ | しんで | しんだり | 撥音便 |
| | よむ | よんだ | よんで | よんだり | |
| | よぶ | よんだ | よんで | よんだり | |
| | はなす | はなした | はなして | はなしたり | |
| ru動詞 | みる | みた | みて | みたり | |
| | たべる | たべた | たべて | たべたり | |
| カ行변격동사 | くる | きた | きて | きたり | |
| サ行변격동사 | する | した | して | したり | |

### 2 　ない形　~지 않다

동사나 형용사에 ない를 붙이면 '~지 않다'란 의미의 부정표현이 된다. 동사에 따라 다음과 같이 바뀐다.

1) ru동사 : 어미 ru를 떼고 ない를 붙인다.

　　見る　⇒　見ない

　　食べる　⇒　食べない

2) u동사 : 어미 u를 a로 바꾸고(か,さ,た,な,ま,ら,わ) ない를 붙인다.

　단 あ의 경우 발음편의상 わ로 바뀐다.

　　会う　　⇒　会わない

　　行く　　⇒　行かない

　　話す　　⇒　話さない

　　待つ　　⇒　待たない

　　休む　　⇒　休まない

　　終わる　⇒　終わらない


3) 변격동사 : 특수변화 한다.

　　くる　⇒　こない

　　する　⇒　しない


### 3　~たことがある　~한 적이 있다

　동사의 과거형(た) + ことがある는 과거에 한 경험이 있음을 나타낸다. 경험이 없을 경우 ~たことがない라고 하면 된다.


　　今だにおすしを食べたことがありません。

　　지금껏 초밥을 먹어본 적이 없습니다.

　　木村さんは会社を休んだことがありません。

　　기무라씨는 회사를 (그동안) 쉰 적이 없습니다.

## 1 た形

① 夕べ、お酒をたくさん飲んだと思います。

어젯밤 술을 많이 마셨다고 생각합니다(마셨던 것 같습니다).

② 今日、一日中、日本語の勉強をしたよ。

오늘 하루 종일 일본어 공부를 했어.

③ 昨日、レストランで山田さんに会ったよ。

어제, 레스토랑에서 야마다씨를 만났어.

④ 日本に来てから日本人の友達がたくさんできた。

일본에 오고 나서 일본인 친구가 많이 생겼다.

⑤ ボアの歌はだいたい聞いた。

보아의 노래는 대부분 들었다.

## 2 ない形

① 今度の日曜日に一緒に映画見ない？

이번 일요일에 함께 영화 보지 않을래?

② 私はあまり風邪を引かない。

나는 그다지 감기에 걸리지 않는다.

③ これから絶対タバコはすわない。

이제부터 절대로 담배는 피우지 않겠다.

④ 二度と小泉さんには電話をかけない。

두 번 다시 고이즈미 씨에게는 전화를 걸지 않겠다.

⑤ なかなか日本語が上手にならないね。

일본어가 좀체 능숙해지지 않네.

## 3 ~たことがある

① 山田さんに会ったことがある？

야마다씨를 만난 적이 있니?

② まだ新幹線を乗ったことがありません。

아직 신간선을 탄 적이 없습니다.

③ 風邪を引いて学校を休んだことがある。

감기에 걸려서 학교를 쉰 적이 있다.

④ 日本へ行ったことはありますが、なっとうを食べたことはありません。

일본에 간 적이 있습니다만, 낫또를 먹은 적은 없습니다.

⑤ デパートで高いものを買ったことがない。

백화점에서 비싼 것을 산 적이 없다.

### 1. 읽기　다음 한자의 読み方를 익힙시다.

| | | | |
|---|---|---|---|
| 顔色 | かおいろ | 悪い | わるい |
| 忙しい | いそがしい | 風邪 | かぜ |
| 体 | からだ | 調子 | ちょうし |
| 今朝 | けさ | 昼御飯 | ひるごはん |
| 食欲 | しょくよく | 飲む | のむ |
| 駅 | えき | 近く | ちかく |
| 新しい | あたらしい | | |

### 2. 쓰기　다음 한자를 획순에 맞춰 정확하게 써 봅시다.

| | | | |
|---|---|---|---|
| 顔色 | ＿＿＿＿＿＿＿ | 悪 | ＿＿＿＿＿＿＿ |
| 忙 | ＿＿＿＿＿＿＿ | 風邪 | ＿＿＿＿＿＿＿ |
| 体 | ＿＿＿＿＿＿＿ | 調子 | ＿＿＿＿＿＿＿ |
| 昼御飯 | ＿＿＿＿＿＿＿ | 今朝 | ＿＿＿＿＿＿＿ |
| 食欲 | ＿＿＿＿＿＿＿ | 飲 | ＿＿＿＿＿＿＿ |
| 駅 | ＿＿＿＿＿＿＿ | 新 | ＿＿＿＿＿＿＿ |

### 1. 다음 단어 중 た형이 잘못된 것을 고르시오.

**❶** (1) のんだ　　(2) まった　　(3) いいた　　(4) かけた　　(5) きた

**❷** (1) 帰えた　　(2) 休んだ　　(3) 見た　　(4) した　　(5) 買った

### 2. 다음 단어 중 ない형이 잘못된 것을 고르시오.

**❶** (1) いかない　(2) いあない　(3) みない　　(4) はいらない　(5) のらない

**❷** (1) 読まない　(2) 帰らない　(3) さない　　(4) こない　　　(5) 食べない

### 3. 다음 괄호 안에 알맞은 말을 아래 보기에서 골라 넣으시오.

┌─ 보기 ─────────────────────────────┐
　　　(1) こと　　(2) で　　(3) から　　(4) わるい
　　　(5) と　　　(6) きれい　(7) の
└──────────────────────────────────┘

**❶** どうしたんですか。顔色がとても(　　　　)です。

**❷** 忙しかった(　　　　)、風邪をひいたみたい。

**❸** 朝、先生と電話(　　　　)話したけど、とてもやさしかった。

**❹** 新しいラーメン屋さんへ行った(　　　　)がありますか。

일본인이 쓴 일기입니다. 사전을 찾아 내용을 살펴봅시다. 내용을 생각하면서 큰 소리로 반복해서 읽어봅시다.

2018年 9月 31日 水曜日 晴れ

## びょういん

　かぜをひいてから、今日で三日目だが、なかなか熱が下がらない。今まで、かぜで仕事を三日間も休んだことはなかった。薬を飲んだから、なおると思っていたが朝になっても熱が下がらない。おとなになってからは、ほとんど、病院へ行ったことはなかったが、仕方なく、病院へ行った。病院の待合室は、人でいっぱいだった。受付に保険証を出して、問診票に症状を書き、体温計で熱を計った。やはり、朝と同じ38度5分だった。30分くらいたってから、やっと私の番が来た。医者に診てもらってから、看護士に注射をうってもらった。診察が終わると、待合室で薬が出るのを待った。保険が効くので、薬は薬局で買うより安いが、初診なので診察料がちょっと高かった。注射と薬が効いたせいか、すぐ熱が下がった。もっと早く病院へ行ったほうがよかったと思う。

# 병원(病院)

일본에는 전국적으로 17700여개의 병원이 있습니다. 그 가운데 약 9할은 일반 치료를 하는 병원입니다. 나머지 1할은 대학병원 등으로 모든 광역지방자치지역에 최저 한개는 있습니다.

보통 병원이라고 부르지만 '○○병원(病院)' 이외에도 '○○의원(医院)', '○○진료소(診療所)', '○○클리닉(クリニック)'이란 간판도 눈에 띕니다. 이 중에서도 최근에는 '○○클리닉'이란 간판이 늘어나는 추세입니다.

일반적으로 '병원'과 '진료소', '의원', '클리닉'의 구별이 없습니다. 그러나 엄밀하게는 법률적으로 입원환자 수용 침대 수가 20개 이상이면 '병원'이라 부르고, 19개 이하이면 '진료소', '의원', '클리닉'이 됩니다. '진료소', '의원', '클리닉'은 호칭만 다를 뿐 '클리닉'은 뭔가 최신 치료를 해준다는 이미지가 있습니다. 일본인의 영어 선호는 이런 데서도 나타나고 있습니다.

의료비는 어떤 보험에 가입했는지에 따라서 부담액이 달라집니다. 공무원이 가입한 후생보험(厚生保険)이나 샐러리맨이 가입한 사회보험의 경우 본인은 2할, 가족은 3할 부담입니다. 직장이 없는 사람을 대상으로 한 국민보험은 보통 3할 부담입니다. 그밖에도 우리의 시·군·구에 해당하는 市·町·村 등 기초지방자치단체에 따라서는 고령자는 1할만 부담하거나 영,유아는 무료인 곳도 있습니다. 부담금이 적기 때문에 오전 중에 병원에 가면 거의 노인으로 문전성시를 이룹니다. 그래서 일본은 고령자의 천국이라고 하며 이것이 사회문제가 되고 있습니다.

# Memo

# 第六課

# 訪問

**학습포인트**

- 授受表現　あげる、くれる、もらう
- 원인, 이유　~ので

# 第六課
# 訪問

（ピンポーン）

西山　いらっしゃい。さあ、どうぞ。

李　　おじゃまします。

（部屋に入って）

西山　コーヒーにしますか、それとも紅茶にしますか。

李　　紅茶をおねがいします。これ、私が作ったクッキーです。

西山　ありがとうございます。

李　あそこにかけてある絵は、かわいいですね。

西山　あれは誕生日にナンシーさんが描(か)いてくれたんです。

李　私も何か西山さんにあげたいです。何がいいですか。

西山　いいんですよ。お気持ちだけでうれしいです。あ、そうだ。
　　　李さん、隣からみかんをたくさんもらいましたから、少しあ
　　　げましょうか。

李　ありがとうございます。あの、ちょっと相談したいことがあ
　　　るんですが…。友達が帰国するので、お餞別をあげたいんで
　　　す。何がいいと思いますか。

西山　お茶はいかがですか。

李　それがいいですね。

(1時間後)

李　バイトがありますから、そろそろ失礼します。今日は楽し
　　　かったです。

西山　また、遊びに来てくださいね。

| 어휘 | | | |
|---|---|---|---|
| 訪問(ほうもん) | 방문 | じゃま | 방해 |
| おじゃまします | 실례합니다 | 部屋(へや) | 방 |
| 入(はい)る | 들어가다, 들어오다 | 紅茶(こうちゃ) | 홍차 |
| クッキー | 쿠키, 과자 | かける | 걸다 |
| 絵 | 그림 | かわいい | 귀엽다 |
| 誕生日(たんじょうび) | 생일 | うれしい | 기쁘다 |
| 隣(となり) | 이웃, 옆 | みかん | 귤 |
| 少(すこ)し | 조금 | 相談(そうだん)する | 의논하다 |
| 友達(ともだち) | 친구 | 帰国(きこく)する | 귀국하다 |
| 餞別(せんべつ) | 작별의 선물(일본인은 헤어질 때 돈이나 선물을 주는 경우가 많음) | | |
| 思(おも)う | 생각하다 | | |
| いかがですか | 어떠십니까(どうですか의 높임말) | | |
| バイト | 아르바이트 | | |

**1** あげる / くれる　주다

　나를 중심으로 내가 남에게 무언가 줄 경우 동사 あげる를 쓰나 반대로 남이 나에게 줄 경우 くれる를 쓴다.

　또 제삼자끼리 주고받을 때는 나에게 가깝다고 느껴지는 사람이 멀게 느껴지는 사람에게 줄 경우에는 あげる를 쓰고 그 반대인 경우 くれる를 쓴다.

　あげる와 くれる는 두 경우 다 주는 사람이 문장의 주어가 되며 받는 사람은 조사 に로 받는다.

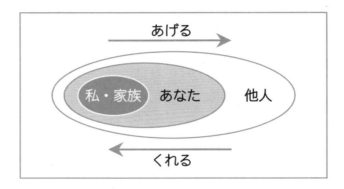

　私は元田さんの誕生日にハンカチをあげました。
　나는 모토다씨 생일에 손수건을 주었습니다.
　元田さんが私にきれいなお花ををくれました。
　모토다씨가 나에게 예쁜 꽃을 주었습니다.
　元田さんが隣りの人にみかんをあげました。
　모토다씨가 이웃사람에게 귤을 주었습니다.

**2** もらう　받다

　동사 くれる의 주고받는 의미에서 "받기"라는 개념으로 "もらう"를 쓸 수도 있다. 단 もらう의 경우 받는 사람이 문장의 주어가 되며 주는 사람에게는 조사

にな から를 쓴다.

(받는 사람)은/가 (주는 사람) 에/から もらう
: (받는 사람) 이 (주는 사람) 에게 받다

私は友だちに/から本を<u>もらいました</u>。
나는 친구에게 책을 받았습니다.
友だちは私に花を<u>もらいました</u>。　(×)
친구는 나에게 꽃을 받았습니다.
友だちが隣りの人に/からみかんを<u>もらいました</u>。
친구가 이웃사람에게 귤을 받았습니다.

☞ 조사의 변동에 주의하면서 다음의 くれる문과 もらう문을 비교해 보십시오.
姉<u>が</u>私<u>に</u>かばんを<u>くれました</u>。　　언니가 나에게 가방을 주었습니다.
私<u>は</u>姉<u>に/から</u>かばんを<u>もらいました</u>。　나는 언니에게 가방을 받았습니다.

## 3　~ので　~때문에

ので는 상황에 대한 이유를 제시할 때 사용한다. 의미상으로는 から와 비슷하나 표현상으로는 から에 비해 약간 객관적인 느낌이 있다.

いつも日本語で話す<u>ので</u>、日本語が上手になりました。
언제나 일본어로 말하므로 일본어를 잘 하게 되었습니다.

レポートがたくさんあった<u>ので</u>、昨日の夜、寝ませんでした。
레포트가 많아서 어젯밤 자지 못했습니다.

☞ ので 앞에 명사나 な형용사가 올 때는 な가 사이에 온다.
今日は日曜日<u>なので</u>、学校は休みです。　오늘은 일요일이라 학교는 쉽니다.
この辺は静か<u>なので</u>、いいです。　　　이 근처는 조용해서 좋습니다.

## 1 あげる / くれる

① 私のスカートをあげましょうか？

제 스커트를 드릴까요?

② 来週韓国に帰るので、このテレビあげます。

다음주에 한국에 돌아가니까 이 TV 드리겠습니다.

③ 具合いが悪いですか。この薬をあげましょう。

몸이 좋지 않습니까？ 이 약을 드리지요.

④ 山田さんに韓国に来た記念になるものをあげたいんですが…。

야마다씨에게 한국에 온 기념이 될 물건을 드리고 싶습니다만…

⑤ 中古のデジカメですが、あげましょうか。新しいの買ったんです。

중고 디지털카메라입니다만 드릴까요？ 새것을 샀습니다.

⑥ 彼が誕生日にこのネックレスをくれました。

그가 생일에 이 목걸이를 주었습니다.

⑦ このサングラスは松浦さんが妹にくれたんです。

이 선글라스는 마츠우라씨가 여동생에게 주었습니다.

⑧ 誕生日に、父が息子に仔犬をあげました。

생일에 아버지가 아들에게 강아지를 주셨습니다.

⑨ 先生が日本人の友達にチマチョゴリをくれました。

선생님이 일본인 친구에게 치마저고리를 주었습니다.

⑩ 黒川さんが妹にくれたくつは少し小さいですね。

구로카와씨가 여동생에게 준 구두는 조금 작군요.

**②** もらう

① 山田さんから、きものをもらいました。
야마다씨에게 기모노를 받았습니다.

② スミスさんからマイケルジャクソンのCDもらったんだ。
스미스씨로부터 마이클 잭슨의 CD를 받았어.

③ 北海道のおみやげで、かにをもらいました。
홋카이도의 선물(특산물)로 게를 받았습니다.

④ お中元に、そうめんをもらいました。
백중날에 국수(소면)를 받았습니다.

⑤ 昔、パクさんからもらったコップは今でも大切にしています。
옛날에 박 선생님에게 받았던 컵은 지금도 소중히 지니고 있습니다.


**③** ～ので

① 熱があったのでかぜ薬を飲みました。
열이 있어서 감기약을 먹었습니다.

② もうレポートを出しましたのでこれから飲みに行きます。
이제 리포트를 냈으니까 지금부터 술 마시러 갑니다.

③ やすいラーメン屋さんができたので、あしたはラーメンです。
싼 라면집이 생겼으니 내일은 라면입니다.

④ 体の調子が悪いので今日は学校を休みます。
몸 상태가 안 좋아서 오늘은 학교를 쉬겠습니다.

⑤ 明日クラスのみんなで温泉に行きますので早く帰ります。
내일 반 사람들 모두 온천에 가므로 일찍 돌아가겠습니다.

## 1. 읽기 다음 한자의 読み方를 익힙시다.

| | | | |
|---|---|---|---|
| 紅茶 | こうちゃ | 絵 | え |
| 誕生日 | たんじょうび | 気持ち | きもち |
| 隣 | となり | 相談 | そうだん |
| 帰国 | きこく | 餞別 | せんべつ |
| 失礼 | しつれい | | |

## 2. 쓰기 다음 한자를 획순에 맞춰 정확하게 써 봅시다.

| | | | |
|---|---|---|---|
| 紅茶 | _____ | 絵 | _____ |
| 誕生日 | _____ | 気持 | _____ |
| 隣 | _____ | 相談 | _____ |
| 帰国 | _____ | 餞別 | _____ |
| 失礼 | _____ | | |

## 1. 다음 문장 중 잘못된 것을 모두 고르시오.

(1) バレンタインデーに彼女からチョコレートをもらいました。

(2) 弟の誕生日にコンサートのチケットをあげました。

(3) 私は先生に日本語の本をくれました。

(4) 渡辺さんが金さんに日本のカップラーメンをあげました。

## 2. 다음 문장 중 ( ) 안에 들어갈 동사를 고르시오.

1 父が母に赤い車を((1) あげ　(2) くれ　(3) もらい)ました。

2 結婚する友達にエプロンを((1) あげ　(2) くれ　(3) もらい)ました。

3 結婚記念日に主人がお花を((1) あげ　(2) くれ　(3) もらい)ました。

4 クリスマスに母からかわいいネックレスを((1) あげ　(2) くれ　(3) もらい)ました。

## 3. 다음 문장에 알맞은 조사를 넣으시오.

┌─ 보기 ─
│　　　　(1) で　　(2) に　　(3) と　　(4) ので　　(5) でも
└───────────────────────────────

1 私はアイスクリーム(　　　　)します。

2 お茶(　　　　)入れましょう。

3 友達が帰国する(　　　　)お餞別をあげたいです。

4 いいんですよ。お気持ちだけ(　　　　)うれしいです。

인터넷 글입니다. 사전을 찾아 내용을 살펴봅시다. 내용을 생각하면서 큰 소리로 반복해서 읽어봅시다.

# バレンタインデーとホワイトデー

キリスト教のSt.Valentine's dayからきた、新しくて若い人が中心の行事。2月14日のこの日は特に女性から男性に、しかもチョコレートをあげるのが習慣になっています。若い女の子にとっては、好きな男の子に気持を伝える大切な日です。また多くの男の子にとっては、チョコレートがもらえるかもらえないかドキドキしながらこの日を過ごします。2月になると、デパートなどではチョコレートの売り場がいつもより広くなって、プレゼント用のチョコレートを買う女性でとても混みます。手作りのチョコレートを贈る女性も少なくありません。雑誌に手作りチョコレートの特集が組まれます。

ホワイトデーは3月14日で、バレンタインデーにチョコレートをくれた女性にお返しのプレゼントをする日です。

## 本命チョコ(ほんめいチョコ)

バレンタインデーに何人もの男性にチョコレートをあげる時、一番大切な人にあげるチョコレートのことを言います。本命の男性には手作りのチョコレートをあげたり、一番高いチョコレートを選んだりします。

## 義理チョコ(ぎりチョコ)

「義理(ぎり)」とは、他人に対して礼儀(れいぎ)正しくすることを意味します。つまり「義理チョコ」とは、特に好きではないけれどいつもお世話になっている男性に礼儀としてあげるチョコレートのことです。女の人は、父親、会社の上司、男の友だちなどへ、「義理チョコ」として小さな箱のチョコレートを配ります。「義理チョコ」をもらった男の人の気持ちは、チョコレートをもらってうれしい人と「本命チョコ」ではなくて悲しい人と、色々です。

http//www.lang.nagoya-u.ac.jp/~mohso/kyozai97/higan.html

# 방문(**訪問**)

일본에서는 남의 집을 방문할 때 아주 친한 경우를 제외하고는 느닷없이 가는 일은 거의 없습니다. 반드시 전화로 상대방의 형편을 묻고 나서 방문합니다. 또한 초대되었을 때 사람 수에 맞춰 음식을 준비하기 때문에 한국식으로 숟가락 하나만 더 놓으면 되겠지 하며 허락 없이 주르르 끌고 가면 큰 결례가 됩니다.

최근에는 もちよりパーティ라고 하여 각자 음식을 하나씩 만들어 가는 모임도 많아졌습니다.

방문하는 경우에 따라 다르겠지만 주로 술이나 케이크, 꽃 등 간단한 선물을 보기 좋게 포장해 가면 기뻐합니다. 일본에서는 우리와 달리 포장에 각별한 신경을 씁니다.

시간엄수는 당연한 일이고 정해진 방문 시간 전후 5분정도가 적당한 방문시간입니다.

일본인은 속내(本音)와 명분(建前)을 구분해서 말한다고 하지만 최근에는 꼭 그렇지만은 않습니다. 자기에게 놀러와 달라는 말을 들으면 가능한 시간을 물어 부담 없이 방문하면 됩니다. 예전에는 놀러오세요 라고 해서 진짜 놀러 가면 낭패를 당한다는 일도 있었으나 요즘에는 놀러와 주길 바라지 않는 사람에게는 '놀러오세요'란 말을 잘 하지 않습니다.

방문해서 집에 들어갈 때는 반드시 「おじゃまします」라고 하는데 이것은 자신의 방문으로 당신과 가족에게 방해가 되어 죄송하다는 뜻입니다.

그리고는 가지고 간 선물을 건네줍니다. 비싼 것이거나 좋은 것이라도 건넬 때는 반드시 「つまらないものですが…(별거 아닙니다만)」라고 말합니다. 집안으로 들어갈 때는 신발을 가지런히 돌려놓는 것이 예의입니다.

또한 화장실을 쓸 때는 반드시 「お手洗いを使わせていただきたいんですが(화장실을 쓰고 싶은데요)。」「お手洗いを使っていいですか(화장실을 써도 되겠습니까)。」라고 해야 합니다. 부엌에는 아주 친하지 않으면 함부로 들어가선 절대 안됩니다.

# Memo

# 第七課

# 頼む

학습포인트

● ～てくれる、～てあげる、～てもらう、～てください

# 第七課
# 頼む

李　　西山さん、ちょっとお願いがあるんですが…。

西山　何ですか。

李　　明日、姉が韓国から来るんですが、空港へ迎えに行ってもら
　　　えませんか。私はバイトがあるので、迎えに行けません。

西山　行ってあげたいんですけど、明日はちょっと…。

友達と約束がありますから…。すみません。

友だちの田中さんに行ってもらいましょう。田中さんは車を

持っているから、行ってくれると思います。私が電話します。

李　　よかった。じゃあ、田中さんに伝えてください。姉は顔が私

に似ていて、髪が長くて、めがねをかけています。そして、

キムチが入っている大きな袋を持っています。姉の作ったキ

ムチはおいしいですよ。料理が上手なんです。

西山　そうですか。いいですね。

李　　姉は田中さんにキムチをあげると思います。

西山　私はもらえないですね。残念です。

李　　だいじょうぶですよ。姉は私にたくさんキムチを持って来て

くれますから。西山さんにも分けてあげますよ。

| 明日(あした) | 내일 | 空港(くうこう) | 공항 |
|---|---|---|---|
| 迎(むか)えに行く | 마중 나가다(むかえる:마중하다) | | |
| 約束(やくそく) | 약속 | 車(くるま) | 차(자동차) |
| 伝(つた)える | 전하다 | 似(に)る | 닮다 |
| 髪(かみ) | 머리 | 作(つく)る | 만들다 |
| 料理(りょうり) | 요리 | 残念(ざんねん)だ | 유감이다 |
| 分(わ)ける | 나누다 | | |

## 문법

### 1   ~てあげる/ ~てくれる ~해 주다

くれる, あげる가 て형과 함께 쓰일 경우에는 행위를 주고받는 의미를 나타낸다.

우리가 다른 사람을 위해 무언가를 해 줄때, 혹은 다른 사람들이 또 다른 사람들을 위해 무언가를 해 줄때 て형+あげる를 쓴다. 보조동사 あげる는 그 문장의 기본적인 의미를 바꾸지는 않고 그 사실이 "요구" 혹은 "부탁"에 의해서 행해진 것임을 강조한다.

반면에 타인이 나에게 무언가를 해 줄 때는 ~てくれる를 쓴다.

> て형+あげる 내가 다른 사람들에게 ~해준다.
> (友だちにレポートを手伝ってあげました。)
> 다른 사람이 또 다른 사람에게 ~해준다.
> (日曜日に父が弟と遊んであげました。)
> て형+くれる 당신이 나에게 ~해준다.
> (お土産を買ってくれますね。)
> 다른 사람이 나에게 ~해준다.
> (友だちがレポートを手伝ってくれました。)

### 2   ~てもらう

나의 요청 등에 의해서 다른 사람이 나를 위해 무언가를 해 줄때 て형+もらう를 쓴다. 다시 말해 내가 다른 사람의 행위를 "받는" 것이다. 나에게 행위를 해주는 사람 뒤에는 조사 に를 쓴다.

> 私は友だちにレポートを手伝ってもらいました。
> 나는 친구에게 숙제를 도움 받았습니다.

☹☹

앞의 문장을 아래 くれる문과 비교해 보자. 두 문장은 거의 같은 행위를 묘사하지만 주어가 다르다. もらう문에서는 행동을 받는 사람이 주어가 된다. 반대로 くれる문에서는 행동을 해주는 사람이 주어가 된다. 단 일본사람들은 くれる문보다는 もらう문을 많이 쓴다.

友だちがレポートを手伝ってくれました。
친구가 숙제를 도와주었습니다.

## 3 ~てください　~해 주십시오.

ください는 くださる의 명령형이다. 다른 사람에게 부탁할 때 혹은 명령할 때는 て형에 ください를 쓴다.

すみません。ちょっと待ってください。
죄송합니다. 좀 기다려 주십시오
日本語の本を読んでください。
일본어 책을 반복해 읽어 주십시오

## 1 ~てあげる/ ~てくれる

① 今度おいしいケーキを作ってあげましょう。

다음번에 맛있는 케이크를 만들어 드리지요.

② 日本に来ると温泉に連れていってあげるよ。

일본에 오면 온천에 데려가 줄게.

③ 金さんは山田さんにソウルを案内してあげました。

김선생은 야마다씨에게 서울을 안내해 주었습니다.

④ 学生がかばんを持ってくれました。

학생이 가방을 들어 주었습니다.

⑤ 今日来てくれて本当にうれしいです。

오늘 와 주어서 정말로 기쁩니다.

## 2 ~てもらう

① ずっと具合いが悪かったんですが、病院で診てもらって、よくなりました。

계속 상태가 좋지 않았지만 병원에서 진찰을 받고 좋아졌습니다.

② この間山川さんから日本の雑誌を買ってきてもらいました。

요전에 야마카와씨가 일본 잡지를 사다 주었습니다.

③ あと2分だけ待ってもらいたいですが。

2분만 더 기다려 주셨으면 합니다만.

④ 親からみかんをたくさん送ってもらいました。

부모님이 감을 많이 보내주셨습니다.

⑤ この商品をもっと多くの人に知ってもらいたい。

이 상품을 더 많은 사람이 알아주었으면 좋겠다.

## 3 ~てください

① 音をちょっと小さくして下さい。

소리를 조금 작게 해 주세요.

② たこ焼きを作ってあげるので、うちに遊びに来て下さい。

다코야키를 만들어 드릴 테니 집에 놀러 와 주세요.

③ 私の話を聞いて下さい。

제 이야기를 들어 주세요.

④ 日本で写真をたくさん撮って来て下さい。

일본에서 사진을 많이 찍어 와 주세요.

⑤ 降りる人が全員降りてから電車に乗ってください。

내리는 사람이 모두 내리고 나서 전철에 타 주세요.

## 한자익히기

---

**1. 읽기**  다음 한자의 読み方를 익힙시다.

| | | | |
|---|---|---|---|
| お願い | おねがい | 空港 | くうこう |
| 迎え | むかえ | 約束 | やくそく |
| 車 | くるま | 伝える | つたえる |
| 似る | にる | 髪 | かみ |
| 袋 | ふくろ | 料理 | りょうり |
| 作る | つくる | 残念 | ざんねん |
| 分ける | わける | | |

---

**2. 쓰기**  다음 한자를 획순에 맞춰 정확하게 써 봅시다.

| | | | |
|---|---|---|---|
| 願 | _____ | 空港 | _____ |
| 迎 | _____ | 約束 | _____ |
| 車 | _____ | 伝 | _____ |
| 似 | _____ | 髪 | _____ |
| 袋 | _____ | 料理 | _____ |
| 作 | _____ | 残念 | _____ |
| 分 | _____ | | |

## 연습문제

### 1. 보기 중에서 알맞은 것을 선택하시오.

> **보기**
>
> (1) あげる　　(2) くれる　　(3) もらう

**1** 小川先生から毎週の日曜日に日本語を教えて(　　　　)。

**2** 最近は姉が朝御飯を作って(　　　　)。

**3** 天気がいいから公園に行って写真をとって(　　　　)。

**4** 山中さんが、日光温泉のお土産を買ってきて(　　　　)。

**5** 毎晩寝る前に子供に絵本を読んで(　　　　)。

**6** レポートを出す前に兄に見て(　　　　)。

### 2. 다음 문장을 ください문으로 바꾸시오.

**1** ここでしばらく待つ。

　➡ _____

**2** タバコを買ってくる。

　➡ _____

**3** 外でちょっと遊ぶ。

　➡ _____

**4** 名前をきれいに書く。

➡ _____

**5** かばんはちゃんと持っていく。

➡ _____

 **3. 다음 문장을 일본어로 올바르게 바꾼 것을 선택하시오.**

**1** 공항에 마중 나가 주지 않겠습니까?

(1) 空港へ迎えて行ってくれますか。

(2) 空港へ迎えに行ってもらえませんか。

(3) 空港へ迎えるために行ってあげませんか。

**2** 가 주고 싶지만 내일은 좀…

(1) 行ってあげたいんですが、すこし…

(2) 行ってあげたいんですが、ちょっと…

(3) 行ってくれたいんですが、ちょっと…

**3** 친구 다나카한테 나가 달래지요.

(1) 友達田中さんに行ってもらいます。

(2) 友達の田中さんに行ってくれましょう。

(3) 友達の田中さんに行ってもらいましょう。

초등학교 6학년생의 작문입니다. 사전을 찾아 내용을 살펴봅시다. 내용을 생각하면서 큰 소리로 반복해서 읽어봅시다.

## ユン先生の韓国の話を聞いて

　私は一週間前から先生に会うことをたのしみにしていました。とても明るい人だと思いました。日本語がペラペラだったのでびっくりしました。

　和室の部屋で先生が韓国のことをいろいろと話してくれて今まで知らなかったことがよく分かりました。キムチやお菓子など、お土産もたくさん持ってきてくれてとてもうれしかったです。カップラーメンももらいました。

　また韓国のことをいろいろと教えてくれてありがとうございました。もっと教えてもらいたいです。


　給食時間、キムチを食べさせてもらいました。小原先生から日本のキムチの

　10倍のからさと聞いてそんなにからいかなーと思いながら食べてみるとじわーっと口の中がピリピリした感じでした。

　先生の話を聞いておどろいたのは、ラーメンにキムチがただでついていることや毎食キムチを食べることです。

　先生は6年生の授業も見てくれました。サインもしてもらいました。韓国語で書いてくれました。一生ずっとこのサイン大事にします。

　先生、ぜったいまた来てください。待ってまーす。

（福山市立○○小学校　山岡加奈恵）

# 교통(交通)

일본의 교통기관은 놀랄 정도로 발달되어 있습니다. 'JR'(Japan Railway) 철도망은 일본 국내 어디든 연결되어 있습니다. 또한 사철(私鐵:민간 철도회사, 전철)노선도 대도시권을 중심으로 발달되어 있습니다. 이밖에도 전국 어디를 가나 버스노선이 치밀하게 연결되어 있으며 도쿄 등 대도시에는 지하철도 잘 되어 있습니다.

무엇보다도 운행시각이 정확하여 버스도 시간표대로 탈 수 있습니다.

그러나 문제는 운임이 너무 비싸다는 것입니다.

### ▌철도 · 전철 · 지하철

대도시 근교에는 'JR'노선뿐 아니라 사철노선을 포함하여 철도 전철 망이 발달되어 있으며, 사철은 터미널 역에서 'JR'선과 연결되어 통근이나 통학 수단으로서 많은 시민들의 '발'노릇을 하고 있습니다. 전철의 속도나 정차 역 수에 따라서 각역 정차, 준급(準急 준급행), 급행, 통근쾌속, 특급 등의 종류가 있습니다.

대도시권의 귀중한 교통수단으로서 잊어서는 안 될 것이 지하철입니다. 지하철은 도쿄 이외에 오사카, 고베, 나고야, 요코하마, 교토, 삿포로, 센다이, 후쿠오카 등에 있습니다.

### ▌JR신칸센

신칸센은 주요 도시 간을 고속으로 달리는데 일본이 자랑하는 기간 철도입니다. 많은 사람들이 비즈니스나 여행의 이동수단으로 이용하고 있습니다. 단 가격이 너무 비싸 동경에서 오사카까지(약550킬로미터, 서울-부산보다 약간 멈) 편도 약 15000엔(15만원)정도 듭니다.

### ▌버스

철도 등이 다니지 않는 지역을 커버하고 있는 것이 버스입니다. 요금은 노선 내 균일요금의 경우와 주행거리에 따라 가산되는 경우가 있어 지역에 따라 각기 다르나 최단거리가 200엔(2000원)이상 들며 구간이 멀어지면 더 올라갑니다.

### ▌택시

택시는 크기에 따라서 대형 중형 소형으로 나뉘어 있어 승차할 수 있는 사람 수가 다릅니다. 택시 문은 자동으로 열리므로 자기가 열 필요는 없습니다. 서비스도 만점입니다. 하지만 요금이 너무 비싼 것이 흠입니다. 기본요금(2Km까지)은 지역마다 다르지만 도쿄의 경우는 660엔입니다. 요금을 내면 반드시 영수증을 건네줍니다.

단 혼자서 탈 때는 반드시 뒷자리에 앉아주세요. 앞자리에 앉고 싶다고 해서 운전사를 곤란하게 만들지 않도록 주의하십시오.

# 第八課

# 電話

**학습포인트**

- ~そうだ(様態表現・伝聞表現)
- ~ようだ(様態表現)

# 第八課
# 電話

李　　　　もしもし、田中さんのお宅ですか。

田中(母)　はい、田中です。

李　　　　東京大学の李と申しますが、直樹さん、いらっしゃいますか。

田中(母)　はい。少々お待ちください。息子にかわりますね。

直樹　　　もしもし。お電話かわりました。

李　　　あ、直樹さん？今、バイトに向かっているんですが、道が
　　　　事故で渋滞していて、少し遅れそうです。すみませんが、
　　　　店長に伝えてくれませんか？

直樹　　それは大変ですね。でも、店長も遅れるそうですよ。さっ
　　　　き電話があって、おなかをこわしたそうです。

李　　　それはそれは…。店長、大丈夫ですか。

直樹　　病院へ行ってくるそうですから、大丈夫ですよ。李さん
　　　　は、何時に着きそうですか。

李　　　私は何時に着くかわかりません。だいぶ時間がかかりそうです。

直樹　　どんな事故ですか。

李　　　よくわかりませんが、トラックとバイクの事故のようです。

直樹　　そうですか。じゃあ、李さん、気をつけて来てください。

李　　　ありがとうございます。じゃ、失礼します。

| 어휘 | | | |
|---|---|---|---|
| お宅(たく) | 댁 | 少々(しょうしょう) | 잠시 |
| お待ちください | 기다려 주십시오 | 息子(むすこ) | 아들 |
| かわる | 바꾸다 | 遅(おく)れる | 늦다, 지각하다 |
| すみませんが | 미안하지만 | 店長(てんちょう) | 점장 |
| 事故(じこ) | 사고 | 渋滞(じゅうたい)する | 정체하다, 길이 막히다 |
| おなかをこわす | 배탈이 나다 | それはそれは | 저런저런, 감탄사 |
| 着(つ)く | 닿다, 도착하다 | だいぶ | 꽤 |
| 時間(じかん)がかかる | 시간이 걸리다 | バイク | 오토바이 |
| 気(き)をつける | 조심하다 | | |

## 1 ~そうだ(様態) ~인 것 같다(~어 보인다)

동사의 ます형, 또는 い형용사와 な형용사의 어간에 ~そうだ를 붙여 어떤 것이 "~일 것 같다"는 추측을 나타낸다. 보통 시각적인 느낌에 의한 판단일 때가 많다.

그러므로 きれいな와 같이 시각적인 증거가 필수적인 경우에는 きれいそう라고 하지 않는다. 예뻐 보이면 이미 예쁘다고 할 만한 증거가 있기 때문이다.

☞ 접속방법

동사 : 어미 3단을 2단(ます형)으로 바꾸고 ~そうだ를 붙인다.

　　降る　⇒　降りそうだ

い형용사 : い를 떼고 ~そうだ를 붙인다.

　　おいしい　⇒　おいしそうだ

な형용사 : な를 떼고 ~そうだ를 붙인다.

　　しずかな　⇒　しずかそうだ

☹ 예외

いい의 경우 よさ에 そう를 붙인다. いい　⇒　よさそうだ

부정형용사 ない의 경우 い를 떼고 ~さそうだ를 붙인다.

ない　⇒　なさそうだ

| | |
|---|---|
| 今日は雨が降りそうですね。 | 오늘은 비가 올 것 같군요. |
| このケーキはおいしそうですね。 | 이 케이크는 맛있을 것 같군요 |
| あしたは天気がよさそうです。 | 내일은 날씨가 좋을 것 같습니다. |
| ナンシーさんは元気そうでした。 | 낸시양은 잘 지내는 것 같았습니다. |
| 日本語は難しくなさそうです。 | 일본어는 어렵지 않을 것 같습니다. |

☹☹

~そうだ도 な형용사이므로 명사가 수식할 때는 ~そうな가 됩니다.

浅田さんは<u>面白そうな</u>小説を読んでいます。

아사다씨는 재미있어 보이는 소설책을 읽고 있습니다.

## 2  ~そうだ(伝聞)  ~라고 한다

양태의 경우 동사의 ます형과 い형용사, な형용사의 어간에 ~そうだ를 붙이지만 전언의 경우 평서문으로 끝나는 문장 뒤에 そうだ를 붙인다.

日本語の授業は楽しいです。　　　⇒ 日本語の授業は楽しい<u>そうです</u>。

일본어 수업은 재미있습니다.　　　　일본어 수업은 재미있다고 합니다.

迫田先生はとても親切です。　　　⇒ 迫田先生はとても親切だ<u>そうです</u>。

사코다 선생님은 매우 친절합니다.　　사코다 선생님은 매우 친절하다고 합니다.

今日は授業がありませんでした。　⇒ 今日は授業がなかった<u>そうです</u>。

오늘은 수업이 없었습니다.　　　　　오늘은 수업이 없었다고 합니다.

☞ 책이나 신문, 혹은 방송을 통해 알게 된 것을 이야기할 때도 ~そうだ를 쓸 수 있는데 정보의 출처에 관해 언급하고자 할 때는 문장 앞에 ~によると를 쓰면 된다.

新聞によると神戸で地震があった<u>そうです</u>。

신문에 따르면 고베에서 지진이 일어났다고 합니다.

天気予報によると明日は雨が降る<u>そうです</u>。

일기예보에 따르면　내일은 비가 온다고 합니다.

☞ 위의 두 ～そうだ는 의미상으로 다를 뿐만 아니라, 앞에 붙는 서술어의 형태도 다르다. ～そうだ의 두 형태를 보면 다음과 같다.

| | | | ～일 것 같다 | ～라고 한다 |
|---|---|---|---|---|
| 동사 : | 降る | ⇒ | 降りそうです | 降るそうです |
| い형용사 : | さびしい | ⇒ | さびしそうです | さびしいそうです |
| な형용사 : | 好きだ | ⇒ | 好きそうです | 好きだそうです |
| 명사+です : | 学生だ | ⇒ | × | 学生だそうです |

## 3　～ようだ　～일 것 같다

　～そうだ와 마찬가지로 "～일 것 같다"는 추측을 나타낸다. 단 ～そうだ와 달리 화자의 직감적인 느낌에 의한 판단일 때가 많다. 회화체에서는 みたいだ를 쓰는 경우도 많다.

> 彼はもう空港へお姉さんを迎えに行った<u>よう(みたい)</u>です。
> 그는 이미 공항에 누나(언니)를 마중나간 것 같습니다.
> 田中さんは車を待っている<u>よう(みたい)</u>です。
> 다나카씨는 차를 기다리고 있는 것 같습니다.

## 1 ~そうだ(様態)

① あの映画はヒットしそうです。

그 영화는 히트할 것 같습니다.

② 今にも雨が降りそうです。

금방이라도 비가 올 것 같습니다.

③ あのレストランは少し高そうです。

저 레스토랑은 조금 비쌀 것 같습니다.

④ 田中先生は、いつも寂しそうです。

다나카 선생님은 언제나 외로워 보입니다.

⑤ この辺は交通は不便ですが、とても静かそうですね。

이 주변은 교통은 불편하지만 매우 조용한 것 같군요.

## 2 ~そうだ(伝聞)

① 石井さんは、めがねをかけているそうです。

이시이씨는 안경을 썼다고 합니다.

② 日本で、韓国のドラマはとても人気があるそうです。

일본에서 한국 드라마는 매우 인기가 있다고 합니다.

③ 一緒にスパゲッティでも食べに行きませんか？ 新しい店がこの近くにできたそうです。

같이 스파게티라도 먹으러 가지 않겠습니까? 새 가게가 이 근처에 생겼다고 합니다.

④ キムチは体に良いそうですよ。

  김치는 몸에 좋대요

⑤ ウォンビンは木村拓哉に似ているそうです。

  원빈은 기무라 타쿠야를 닮았다고 합니다.

⑥ 岡田さんが、夜、こちらに電話してくれるそうです。

  오카다씨가 밤에 이쪽으로 전화해 준다고 합니다.

### 3 ~ようだ

① 西山さんは空港へ友達を迎えに行ったようです。

  니시야마씨는 공항으로 친구를 마중나간 것 같습니다.

② 佐藤さんはもう結婚しているようです。

  사토씨는 이미 결혼한 것 같습니다.

③ 隣りのおばあさんは一人で住んでいるようです。

  이웃집 할머니는 혼자서 사는 것 같습니다.

④ 山川さんは今日休みです。体の調子が悪いようです。

  야마카와씨는 오늘 쉽니다. 몸이 좋지 않은 것 같습니다.

⑤ マイケルさんは最近忙しそうです。アルバイトを始めたようですね。

  마이클씨는 요즘 바쁜 것 같습니다. 아르바이트를 시작한 것 같아요.

## 한자익히기

1. 읽기 다음 한자의 読み方를 익힙시다.

| | | | |
|---|---|---|---|
| 少々 | しょうしょう | 息子 | むすこ |
| 遅れる | おくれる | 店長 | てんちょう |
| 事故 | じこ | 渋滞 | じゅうたい |
| 着く | つく | | |

2. 쓰기 다음 한자를 획순에 맞춰 정확하게 써 봅시다.

| | | | |
|---|---|---|---|
| 息子 | _____ | 遅 | _____ |
| 店長 | _____ | 事故 | _____ |
| 渋滞 | _____ | 着 | _____ |

1. 다음 그림을 보고 そうです 문장으로 만들어 보시오.

①

➡ 雨が＿＿＿＿＿＿＿＿＿＿＿＿＿＿＿＿＿＿。

②

➡ お酒を飲んでいるのを見ると、

＿＿＿＿＿＿＿＿＿＿＿＿＿＿＿＿＿＿。

③

➡ 最近＿＿＿＿＿＿＿＿＿＿＿＿＿＿＿＿。

④

➡ とても＿＿＿＿＿＿＿＿＿＿＿＿＿＿＿。

⑤

➡ ケーキが＿＿＿＿＿＿＿＿＿＿＿＿＿＿。

⑥

➡ この本は＿＿＿＿＿＿＿＿＿＿＿＿＿＿。

⑦

➡ マイケルさんは _____。

⑧

➡ この町は _____。

① 天気予報によると、雨が降る。

➡ _____

② 新聞によると最近日本のひきこもりの問題が大変だ。

➡ _____

③ パクさんは昨日日本へ行きました。日本語の勉強をしに行きました。

➡ _____

④ 田中さんと中村さんは夕べ遅くまでお酒を飲みました。

佐藤さんもいっしょに飲みました。

➡ _____

⑤ 昨日みんなで食べ放題に行ったようです。特にモツがおいしい。

➡ _____

**3. 다음 문장을 ようだ를 이용하여 완성하시오.**

① 頭が痛い。風邪を_____。

② 橋本さんは韓国語がとても上手です。韓国語の勉強を_____。

③ 会社に誰もいませんね。みんな_____。

④ 駅の前で内山君を三時間も待っていました。今日は_____。

일본인이 쓴 e메일입니다. 사전을 찾아 내용을 살펴봅시다. 내용을 생각하면서 큰 소리로 반복해서 읽어봅시다.

北海道にいつごろ来られそうですか。

李さん、ソウルでは大変お世話になりました。おいしいものをいっぱい食べ、長生きしそうです。メールは無事に届いていました。元気そうで安心しました。

相変わらず忙しくしていますね。ご主人も忙しそうだし。

今日は良い天気で、昨日より涼しくなるそうです。

私はちゃんと英語の勉強続けてますよ。金曜の夜に教えてもらっています。

山崎さんも頑張っているようです。

仕事は大変です。目隠しをして歩いてるようです。いや、地獄に落ちたようです。

私は李さんが思っているようなOLにはなれそうもありません。ストレスたまりそうだし、そろそろ腐りそうだから。

ところで、北海道にはいつごろ来られそうですか。

お会いできるのを楽しみにしています。

気をつけてやってきてください。

１７日の夕方は魚料理を食べに行くことになりました。おいしい所だそうです。

返事は、yhs@cufs.ac.krにください。何かあったら連絡ください。携帯番号は変わっていません。

# 전화(電話)

　최근에는 일본도 한국과 마찬가지로 핸드폰이 주류를 이루고 있어 중학생 이상은 거의 한대씩 소유하는 시대가 되었습니다(단 60세 이상 일하지 않는 사람은 별로 소지하지 않습니다).

　보통 거의 모든 가정에는 일반전화가 있지만 인터넷 접속률은 전가정의 25%정도입니다.

　일반전화를 처음 계약할 때 7만엔 가량 들기 때문에 젊은층은 일반전화는 설치하지 않고 핸드폰만을 가지고 인터넷 계약만을 하는 사람이 많습니다.

　전화를 걸 때에는 먼저 자기 이름을 말하고 나서 정중하게 상대방을 찾는 게 예의입니다. 바꿔주는 사람에게는 감사의 뜻을 충분히 전해야 합니다.

　전화 첫마디인 'もしもし(여보세요)'는 백년 이상이나 된 말로 '申す　申す(아룁니다, 아룁니다)'에서 온 말입니다.

　일본인들은 전화요금이 비싼 탓인지 전화요금에 민감한 편입니다. 그래서 간혹 전화를 쓴 일로 서로 신경이 날카로워지는 경우도 있습니다.

　또한 핸드폰의 경우 상대방에게 전화를 걸어 발신자 번호만 남기고 다시 걸려오게 하는 'ワン切り'란 것이 생겨났을 정도입니다.

# 第九課

# 習慣の違い

# 第九課
# 習慣の違い

寺田　パクさん、ご飯を食べるとき、お茶わんを持ったほうがいい
　　　ですよ。

パク　え、そうですか。韓国ではご飯を食べるとき、お茶わんを持
　　　ちません。

寺田　あ、それは聞いたことがあります。私は韓国でもつい、お茶
　　　わんを持ってしまいます。色々習慣がちがいますから、気を

つけなければなりませんね。

パク　他にも色々ありますよ。例えば、韓国では目上の人とお酒を飲むとき、横を向いて飲まなければなりません。それに目上の人の前でたばこを吸いません。

寺田　知りませんでした。日本では目上の人の前でたばこを吸ってもいいです。でも、吸う前に目上の人に「吸ってもいいですか」と聞かなければなりません。それとお酒を飲むときには、横を向かなくてもいいです。

パク　そうですか。韓国と違いますね。ご飯を食べるとき、日本人は「いただきます」と言いますよね。じゃ、ご飯を食べた後、何と言いますか。韓国では、「よく食べました。」と言いますが。

寺田　「ごちそうさま」と言います。そして「おいしかったです」と言ったほうがいいですよ。特に奥さんには必ず「料理がおいしかったよ」と言ったほうがいいです。

パク　お互いの習慣やことばのちがいを理解しなければなりませんね。でも、奥さんへの一言はどこも同じですね。

| 어휘 | | | |
|---|---|---|---|
| 茶(ちゃ)わんを持(も)つ | 그릇을 들다 | つい | 무심코 그만 |
| ～てしまう | ～해 버리다 | 色々(いろいろ) | 여러 가지(로) |
| 習慣(しゅうかん) | 습관 | 気(き)をつける | 조심하다, 주의하다 |
| 他(ほか)に | 그 외에, 기타로 | 例(たと)えば | 예를 들면 |
| 目上(めうえ)の人(ひと) | 손윗사람 | 横(よこ)を向(む)く | 옆을 향하다 |
| それと | 그리고 | 特(とく)に | 특히 |
| 奥(おく)さん | 부인(남의 부인의 높임말) | 互(たが)い | 서로 |

## 1 ～なければならない ～하지 않으면 안된다(～해야 한다)

동사의 부정가정형(～なければ)에 なる의 부정형 ならない가 결합되어 동작주체의 의지와 관계없이 ～하지 않으면 안된다(～해야 한다)는 당위(의무)의 의미를 나타낸다.

> 金田さんに電話を<u>かけなければならない</u>です。
> 가네다씨한테 전화를 하지 않으면 안됩니다(해야 합니다).
> 店長に事故のことを<u>伝えなければなりません</u>。
> 점장님한테 사고에 관해 전하지 않으면 안됩니다(해야 합니다).

## 2 ～てもいいです/～なくてもいいです ～해도 됩니다/～하지 않아도 됩니다

동사의 て형 + も +いい(です)는 "～해도 좋다"라는 허가의 뜻을 나타낸다. 허락을 구할 때에는 의문문으로 ～てもいいですか 라는 표현을 쓸 수 있다.

> 夜遅く<u>電話してもいいです</u>か。　　밤늦게 전화해도 됩니까?
> はい、<u>いいです</u>よ。　　　　　　예, 괜찮습니다.
> 先に<u>食べてもいいです</u>。　　　　먼저 먹어도 됩니다.

꼭 할 필요가 없는 일을 나타낼 때는 부정형 ない로 바꾼 후 い를 떼고 くてもいいです를 더한다. なくては て형의 부정형이다.

> 今日は学校へ<u>行かなくてもいいです</u>。
> 오늘은 학교에 가지 않아도 됩니다.
> 何も<u>買わなくてもいいです</u>。
> 아무것도 사지 않아도 됩니다.

☞ 허가표현에 대한 금지표현은 て형 + はいけません 을 씁니다.

夜遅く電話してはいけません。    밤늦게 전화하면 안됩니다.

お酒を飲んではいけません。    술 마시면 안됩니다.

## 3 ～ほうがいい （～하는/한)편이 좋다

～ほうがいい는 권유나 충고를 할 때 쓸 수 있는 표현으로 문장 끝부분에 온다. ～ほうがいい를 사용하여 어떤 활동을 제안하면 매우 중요한 충고를 하는 것이 되어 그렇게 하지 않을 경우 위험이나 문제가 있다는 것을 나타낸다.

日本語の勉強は毎日やったほうがいいです。
일본어 공부는 매일 하는 편이 좋습니다.
風邪を引いたときはぐっすり休んだほうがいいです。
감기 걸렸을 때는 푹 자는 편이 좋습니다.

～ほうがいい는 대개 충고의 내용이 긍정일 경우 동사의 과거형에 붙으며, 부정일 경우 동사의 현재형에 붙는다.

野菜と果物は毎日食べたほうがいいですよ。
야채와 과일은 매일 먹는 편이 좋아요.
健康のためにタバコは吸わないほうがいいですよ。
건강을 위해 담배는 피우지 않는 편이 좋아요.

## 4 ～てしまう ～해 버리다

동사의 て형+しまう는 두 가지 뜻을 가지는데 첫 번째는 일반적으로 어떤 행위를 완성시킨다는 의미를 나타낸다. 다시 말해 어떤 일을 완전히 끝내거나 끝까지 해 낸다는 뜻이다.

日本語の本を<u>読んでしまいました</u>。

일본어 책을 다 읽었습니다.


　두 번째 의미는 "행위의 결과에 대한 사전 계획이나 통제의 부족"인데 보통 유감스러운 뜻을 내포하는 경우가 많으며 유감스러운 일이 일어나거나 의도하지 않았던 일을 해 버렸다는 의미를 나타낸다.

　다음 예들도 화자가 의도한 것과 실제로 행위가 이루어진 상황이 불일치한다는 데 초점을 두고 있다.


　　電車の中にかさを<u>忘れてしまいました</u>。

　　전철 안에 우산을 잊고 내(려버)렸습니다.

　　ダイエット中なのにチョコレートを全部<u>食べてしまいました</u>。

　　다이어트 중인데 (유감스럽게도) 초콜릿을 전부 먹어버렸습니다.


☞ てしまう문장은 위의 두 가지 중 어느 뜻으로 쓰였는지 화자에 따라 달라질 수도 있다. 위의 "読んでしまう"라는 문장도 그 책을 읽을 생각이 아니었는데 읽게 되었거나 읽어서는 안됐는데 읽고 싶은 충동을 뿌리치지 못해 읽었다는 의미일 경우 "(그만) 읽어버렸다"라는 뜻으로 해석될 수도 있다.


😞😞

회화체에서는 ～てしまう(～でしまう)는 ～ちゃう(～じゃう)로 축약해서 쓰이는 경우가 많다.


　　行ってしまった　⇒　行っちゃった

　　遊んでしまった　⇒　遊んじゃった

## 1 ~なければならない

① 今日は用事があるので、早く帰らなければなりません。

오늘은 볼일이 있어서 일찍 돌아가야 합니다.

② 図書館では、静かにしなければなりません。

도서관에서는 조용히 하지 않으면 안됩니다.

③ 人に何かしてもらった時は、「ありがとう」と言わなければなりません。

남이 뭔가 해 주었을 때는 '고마워'라고 하지 않으면 안됩니다.

④ 旅行をするために、アルバイトをしなければなりません。

여행을 하기 위해 아르바이트를 하지 않으면 안됩니다.

⑤ 雪の日は、ゆっくり歩かなければなりません。

눈 오는 날에는 천천히 걷지 않으면 안됩니다.

## 2 ~てもいいです/~なくてもいいです

① トイレを借りてもいいですか？

화장실을 (빌려)써도 됩니까?

② レポートは、明日までに出さなくてもいいです。

리포트는 내일까지 내지 않아도 됩니다.

③ 土曜日は、学校に行かなくてもいい日です。

토요일은 학교에 가지 않아도 되는 날입니다.

④ この本、先に読んでもいいですよ。

이 책 먼저 읽어도 되요.

⑤ テストではひらがなで書いてもいいです。

시험에서는 히라가나로 써도 됩니다.

## ③ ~ほうがいい

① 山田さんに早く会った方がいいですよ。

빨리 야마다씨를 만나는 편이 좋아요.

② 風邪をひいた時は、薬を飲んで早く寝た方がいいです。

감기 걸렸을 때는 약을 먹고 빨리 자는 편이 좋습니다.

③ 焼き肉を食べる時は、野菜も一緒に食べた方がいいですよ。

불고기를 먹을 때는 야채도 함께 먹는 편이 좋아요.

④ よく見えない時は、めがねをかけた方がいいと思います。

잘 보이지 않을 때는 안경을 쓰는 편이 좋다고 생각합니다.

⑤ 健康のために、ジョギングをした方がいいです。

건강을 위해 조깅을 하는 편이 좋습니다.

## ④ ~てしまう

① 昨日の夜は気分がよくて、つい飲みすぎてしまいました。

어제 밤에는 기분이 좋아서 그만 과식해 버렸습니다.

② 彼は、先に帰ってしまいました。

그는 먼저 돌아가 버렸습니다.

③ 友達の電話番号を忘れてしまいました。

친구 전화번호를 잊어 버렸습니다.

④ ユンさんからもらったコップ、われてしまったんです。

윤OO씨한테 받은 컵, 깨져 버렸습니다.

⑤ 3キロぐらい太ってしまったので、運動しています。

3킬로 정도 쪄서 운동하고 있습니다.

## 한자익히기

### 1. 읽기  다음 한자의 読み方를 익힙시다.

| | | | |
|---|---|---|---|
| 茶 | ちゃ | 色々 | いろいろ |
| 習慣 | しゅうかん | 他 | ほか |
| 例えば | たとえば | 目上 | めうえ |
| 向く | むく | 特に | とくに |
| 奥さん | おくさん | 互い | たがい |

### 2. 쓰기  다음 한자를 획순에 맞춰 정확하게 써 봅시다.

| | | | |
|---|---|---|---|
| 茶 | _____ | 色 | _____ |
| 習慣 | _____ | 他 | _____ |
| 例 | _____ | 目上 | _____ |
| 向 | _____ | 奥 | _____ |
| 互 | _____ | | |

## 연습문제

### 1. 다음 보기와 같이 물음에 답하시오.

보기
今日、レポートを書かなければならないですか。
➡ はい、書かなければならないです。
いいえ、書かなくてもいいです。

**1** 島田さんに電話をかけなければならないですか。

➡ はい、＿＿＿＿＿＿＿＿＿＿＿＿＿＿＿＿＿＿＿＿＿

いいえ、＿＿＿＿＿＿＿＿＿＿＿＿＿＿＿＿＿＿＿

**2** 学校に行かなければならないですか。

➡ はい、＿＿＿＿＿＿＿＿＿＿＿＿＿＿＿＿＿＿＿＿＿

いいえ、＿＿＿＿＿＿＿＿＿＿＿＿＿＿＿＿＿＿＿

**3** 朝御飯を食べなければならないですか。

➡ はい、＿＿＿＿＿＿＿＿＿＿＿＿＿＿＿＿＿＿＿＿＿

いいえ、＿＿＿＿＿＿＿＿＿＿＿＿＿＿＿＿＿＿＿

**4** 新しいコンピューターを買わなければならないですか。

➡ はい、＿＿＿＿＿＿＿＿＿＿＿＿＿＿＿＿＿＿＿＿＿

いいえ、＿＿＿＿＿＿＿＿＿＿＿＿＿＿＿＿＿＿＿

## 2. 다음을 -てしまう 문장으로 완성하시오.

**1** お金があまりないんですが、＿＿＿＿＿＿＿＿＿＿＿ (많이 사버렸습니다)

**2** ダイエット中なのに全部＿＿＿＿＿＿＿＿＿＿＿ (먹어 버렸습니다)

**3** 昨日寒かったので＿＿＿＿＿＿＿＿＿＿＿ (감기 걸려버렸습니다)

**4** 昨日一所懸命に覚えたのに全部＿＿＿＿＿＿＿＿＿ (잊어버렸습니다)

## 3. 다음 그림을 보고 물음에 답하시오.

**1**

どうしたんですか。

➡ ＿＿＿＿＿＿＿＿＿＿＿＿＿＿＿＿＿＿＿＿＿。

**2**

どうしたんですか。

➡ ＿＿＿＿＿＿＿＿＿＿＿＿＿＿＿＿＿＿＿＿＿。

**3**

どうしたんですか。

➡ ＿＿＿＿＿＿＿＿＿＿＿＿＿＿＿＿＿＿＿＿＿。

**4**

どうしたんですか。

➡ ＿＿＿＿＿＿＿＿＿＿＿＿＿＿＿＿＿＿＿＿＿。

일본의 대표적인 만화인 크레용신짱(짱구는 못말려)입니다. 사전을 찾아 내용을 살펴봅시다. 내용을 생각하면서 큰 소리로 반복해서 읽어봅시다.

## クレヨンしんちゃん

| お医者さん | ウム これなら 退院しても だいじょうぶね |
|---|---|
| クレヨンしんちゃん | えっ！？ 退院して いいんですか！？ |
| お医者さん | なんで 残念そうなんですか？ |
| クレヨンしんちゃん | たいいんって かなしいこと？ |
| お医者さん | おうちに 帰っても いいってことだよ |
| クレヨンしんちゃん | オラなおったの？ |
| お医者さん | まだだけど 自宅療養で だいじょうぶなの |
| クレヨンしんちゃん | さては なおせないから オラのこと 見すてる 気だな |
| お医者さん | ちがいます |
| | もー どういえば わかるんだ |
| クレヨンしんちゃん | どう聞けば わかるんだ |
| お医者さん | とにかく 退院すりゃいいの |

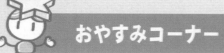

# 습관

　식습관은 그 나라의 특징을 크게 나타내고 있다고 할 수 있습니다. 식사도 서양화되어 가고 있는 일본이지만 먹을 때는 기본적으로 젓가락을 사용합니다. 포크와 나이프를 쓰기도 하나 그것은 스파게티나 스튜, 혹은 스테이크 등과 같은 서양요리를 먹을 때입니다.

　그릇과 접시는 금속제가 아닌 도자기를 씁니다. 때로는 아름답게 장식되어 있는 것을 쓰기도 하는데 이는 그릇과 접시도 요리의 일부라고 생각하기 때문입니다. 일본음식이 눈으로 먹는다고 하는 이유가 여기에서 온 것입니다.

　밥그릇은 손에 들고 먹는 것이 매너입니다. 국그릇(된장국)도 그렇습니다. 어렸을 때부터 밥그릇과 국그릇은 들고 먹도록 가르침을 받습니다. 식사 중 입에 음식을 넣은 채로 말하는 것은 좋지 않게 여겨집니다. 그런 반면 우동이나 소바를 먹을 때, 또는 된장국을 마실 때는 소리를 내어도 무방합니다. 단, 스파게티를 먹을 때는 소리를 내지 않는 편이 무난합니다. 스파게티는 일본 요리가 아니기 때문입니다. 또 젓가락 쓰는 법 중에 해서는 안 되는 것들이 몇 가지 있습니다. 그 몇 가지를 소개해 보겠습니다.

　迷い箸 : 무엇부터 먹을지 망설이면서 젓가락이 이리저리 헤매는 것.
　さぐり箸 : 그릇 안을 휘젓거나 젓가락으로 뒤적뒤적 하는 것.
　移り箸 :　어떤 요리를 집으려다 말고, 다른 요리를 집는 것.
　刺し箸 : 음식을 젓가락으로 쿡쿡 찌르는 것.

　식사를 시작할 때는 「いただきます(잘 먹겠습니다)」라고 하고 식사를 끝냈을 때는 「ごちそうさまでした(잘 먹었습니다)」라고 합니다. 두 경우 모두 입 앞으로 양 손바닥을 모으면서 말합니다.

# Memo

# 第十課

# 居酒屋

# 第十課
# 居酒屋

店員　いらっしゃいませ。何名様ですか。

町　　三人です。

店員　三名様ですね。こちらへどうぞ。

町　　いいお店ですね。　ユンさん、さしみは食べられますか。

ユン　はい。食べられます。日本酒も飲めますよ。でも、今日は
　　　ビールにします。

町　　とりあえず、ビールとさしみと焼き鳥をお願いします。

店員　かしこまりました。

ユン　三年前日本へ来たとき、日本酒は飲めませんでした。でも、今は飲めるようになりました。居酒屋に来るといつも飲みますから、好きになりました。

町　そうですか。ところで、ユンさんは日本へ来たとき、どんなことに驚きましたか。

ユン　一番驚いたのは「わりかん」です。日本人は友だちとレストランへ行ってお金を払うとき、別々に払いますね。韓国では誘った人が払います。だからお金がないときは、誘えません。

町　そうですか。知りませんでした。

ユン　でも、今では「わりかん」は便利だと思うようになりました。友達を誘って、高いお店にも行けますから。

町　なるほど。

| 어휘 | | | |
|---|---|---|---|
| いらっしゃいませ | 어서 오십시오 | 何名様(なんめいさま) | 몇 분 |
| 日本酒(にほんしゅ) | 일본술(정종) | とりあえず | 우선 |
| 焼(や)き鳥(とり) | 닭 꼬치 | かしこまりました | 알겠습니다. |
| 〜ようになる | 〜게 되다 | 居酒屋(いざかや) | 술집(싼 술집) |
| 驚(おどろ)く | 놀라다 | 別々(べつべつ)に | 따로따로 |
| 払(はら)う | 지불하다 | 誘(さそ)う | 청하다, 제의하다 |
| だから | 때문에 | 知(し)る | 알다 |
| 今(いま)では | 이제는 | わりかん | 더치페이 |
| なるほど | 과연(그렇다) | | |

## 1  가능동사  ~할 수 있다

가능동사는 −e る 형태로 "~할 수 있다(~할 능력이 있다)"라는 의미를 나타내는데 쓰인다.

☞ 접속방법

ru동사 : 어미 る를 떼고 られる를 붙입니다.

見る  ⇒  見られる

食べる  ⇒  食べられる


u동사 : 어미 3단을 4단(e)으로 바꾸고 る를 붙입니다.

買う  ⇒  買える

行く  ⇒  行ける

待つ  ⇒  待てる

話す  ⇒  話せる

休む  ⇒  休める


변격동사 : 불규칙 변화합니다.

くる  ⇒  こられる

する  ⇒  できる


☹☹

ru동사와 변격동사 くる의 가능동사는 회화체에서 られる 대신 축약형 れる를 쓰는 경우가 많다. 이것을 ら抜き言葉라고 하는데 문장에서는 쓰이지 않는다.

|  | 가능형 | 축약가능형 |
|---|---|---|
| ru동사 : | 出る ⇒ 出られる | 出れる |
|  | 見る ⇒ 見られる | 見れる |
| 불규칙 동사 : | くる ⇒ こられる | これる |

☞ 가능동사는 문장에서 ru동사처럼 변화한다.

日本語で話せます。

일본어로 말할 수 있습니다.

昨日は試験の勉強で寝られませんでした。

어제는 시험공부 하느라 자지 못했습니다.

## 1 가능동사

① 昔は、漢字が書けませんでした。
옛날에는 한자를 쓸 수 없었습니다.

② 私は、最近、日本語の本が読めるようになりました。
나는 최근에 일본어 책을 읽을 수 있게 되었습니다.

③ 5年前、アメリカから帰ってきた時は、今よりも上手に英語が話せました。
5년 전 미국에서 돌아왔을 때는 지금보다도 영어를 잘 말할 수 있었습니다.

④ 私の子供は、まだ自転車に乗れません。
우리 아이는 아직 자전거를 타지 못합니다.

⑤ 最近、日本のカラオケでも、韓国の歌が歌えるようになりました。
최근에 일본 가라오케에서도 한국노래를 부를 수 있게 되었습니다.

⑥ あやさんは、イタリア料理も作れるそうです。
아야양은 이탈리아 요리도 만들 수 있다고 합니다.

⑦ 一人でも家に帰れます。
혼자서도 집에 돌아갈 수 있습니다.

⑧ 一人でも持てますから大丈夫ですよ。
혼자서도 들 수 있으니까 괜찮아요.

⑨ 今日、あのスーパーで、ただで玉子がもらえるそうです。
오늘 저 슈퍼에서 공짜로 달걀을 받을 수 있다고 합니다.

⑩ 彼が大学の先生だとは思えません。
그가 대학선생님이라고는 생각할 수 없습니다.

## 한자익히기

**1. 읽기**　다음 한자의 読み方를 익힙시다.

| | | | |
|---|---|---|---|
| 何名様 | なんめいさま | 日本酒 | にほんしゅ |
| 焼き鳥 | やきとり | 居酒屋 | いざかや |
| 驚く | おどろく | 別々 | べつべつ |
| 払う | はらう | 誘う | さそう |
| 知る | しる | 今 | いま |

**2. 쓰기**　다음 한자를 획순에 맞춰 정확하게 써 봅시다.

| | | | |
|---|---|---|---|
| 焼 | _____ | 居酒屋 | _____ |
| 驚 | _____ | 払 | _____ |
| 誘 | _____ | | |

## 연습문제

### 1. 다음 문장을 가능표현으로 바꾸시오.

**①** 一人でも朝早く_____ (일어날 수 있다)

**②** 日本語で日本の歌が_____ (부를 수 있다)

**③** あした３時までには学校に_____ (올 수 있다)

**④** 今週の日曜日は久しぶりにゆっくり_____ (쉴 수 있다)

### 2. (　)안의 단어를 이용해 문장을 완성하시오.

**①** お風呂に入りましたか。

➡ いいえ、_____ (あつくて)

**②** オレンジジュースを飲みましたか。

➡ いいえ、_____ (つめたくて)

**③** 夕べぐっすり寝ましたか。

➡ いいえ、_____ (風邪をひいて)

**④** ロッテデパートで何か買いましたか。

➡ いいえ、_____ (高くて)

**3. 다음 한자 중 바르게 읽은 것은?**

**❶** (1) 日本酒　➡　にほんさけ

(2) 居酒屋　➡　いざけや

(3) 払う　➡　はらう

**❷** (1) 何名様　➡　なんめいさん

(2) 驚く　➡　おどろく

(3) 友達　➡　ともたち

**❸** (1) 焼き鳥　➡　やきどり

(2) 払う　➡　しはらう

(3) 別々　➡　べつべつ

일본 신문의 광고 문안입니다. 사전을 찾아 내용을 살펴봅시다. 내용을 생각하면서 큰 소리로 반복해서 읽어봅시다.


とりあえず半額で乗れるから他の出費にまわせる。
「乗り換え」「売却」「乗り続ける」3年後また選べるから楽しい！

入れ歯でお悩みの方に朗報！　おいしく食事ができる入れ歯のお話　良い入れ歯ははずさずに寝られる

ケータイ・パソコンで結婚相手に出会える！！
またまた、通話無料のフリーダイアルからもご利用になれます。

グッスリ眠れて翌朝スッキリ！！
体の疲れを次の日に持ち越さない為にも、寝心地にこだわって選びたいのが寝具。そこでオススメしたいのが朝までグッスリ眠れると大好評の「低反発敷マット」です。体圧が一カ所に集中しないから、痛み・むくみの悩みから解放されるというスグレモの。

手軽な医療保険、シニアの「入れる保険」
この年で入れる保険を探してました。
頼れる医療保険は、やっぱり○○保険。

無理なダイエットで、肌や髪がカサカサになってしまったという話を耳にしたことはありませんか？これは、カロリーの高い食べ物を敬遠するあまりたんぱく質が不足し、肌や髪が作れなくなってしまうのが原因。…体を使ったレッスンにも耐えられる体力がつくからなのだそう。

「間口の小さな狭い敷地だが、2世帯が快適に住める家は建てられないだろうか」
それは、ちょっと頑固な棟梁の家づくりに、街の声から生まれた発想と工夫とセンスを盛り込んだ、都市の家族のための住まいです。

（朝日新聞）

# 이자카야(居酒屋)

　이자카야(居酒屋)는 고급은 아니지만, 동료나 직장인 등이 그룹으로 왁자지껄하게 이야기하면서 즐겁게 술을 마시는 곳입니다. 최근에는 저렴한 값으로 전 세계의 맛있는 음식과 술을 준비하고 있는 멋진 가게도 많아졌습니다. 젊은이뿐만 아니라 가깝게 지내는 주부들도 부담 없이 찾고 있습니다.

　2시간에 주류 무한제공 1500엔, 식사 무한제공 2000엔 등의 매력적인 가게도 많아지고 있습니다. 돈 계산은 더치페이로 하는 경우가 대부분입니다. 먹고 마시는 데 든 돈을 참가한 사람 수로 나눕니다. 연령이나 수입에 전혀 관계없이 나눕니다. 상사든, 부하든, "오늘은 와리깡(割り勘)으로." 라고 하면 지불하는 금액은 똑같아집니다.

　이자카야는 이렇게 격식을 차리지 않는 곳입니다.

# Memo

# 第十一課

# 引っ越し

- ～(よ)う(동사의 의지, 권유형)
- ～(よ)うと思う(～려고 생각한다)

# 引っ越し

張　　来週、引っ越しをしようと思っています。

服部　え、どうしてですか。今、張さんが住んでいるアパートは便

利なのに…。

張　　そうですね。駅に近くて便利ですが、部屋がちょっと狭いん

です。

服部　今度のアパートは広いですか。

張　ええ、和室と洋室が一つずつあります。それからダイニング
　　キッチンがあります。

服部　2DKですか。いいですね。

張　ええ。それに押し入れがあるから、便利です。使わない本や
　　洋服などを入れようと思います。

服部　家賃はいくらですか。

張　7万円です。ちょっと高いですけど、ベランダもありますか
　　ら。日本では引っ越しのとき、近所の人にあいさつをしなけ
　　ればなりませんか。

服部　そうですね。最近は、あいさつをしない人もいるようです
　　が、となりの部屋と上と下の部屋にはあいさつするほうがい
　　いですね。

張　そうですか。わかりました。

| 어휘 | | | |
|---|---|---|---|
| 引(ひ)っ越(こ)し | 이사 | 和室(わしつ) | 일본식 다다미 방 |
| 洋室(ようしつ) | 서양식 방 | 〜ずつ | 〜씩 |
| ダイニングキッチン | 식당이 딸린 부엌 | 押(お)し入(い)れ | 붙박이장 |
| 家賃(やちん) | 집세 | ベランダ | 베란다 |
| 近所(きんじょ) | 근처 | 挨拶(あいさつ) | 인사 |

## 1 의지형 ~(よ)う

동사의 의지형 ~(よ)う는 말하는 사람의 의지 혹은 결의를 나타내는데 쓰이며 보통 ~と思う나 ~と思っている와 함께 쓰이는 경우가 많다.

> 来年日本へ行こうと思っています。
>
> 내년에 일본에 가려고 생각하고 있습니다.

☺ ~うと思う는 그 말을 하는 시점에서 결정되었다는 뜻인데 반해 ~と思っている는 그 말을 하기 전부터 결정을 했다는 의미를 가진다.

> 新しい靴を買おうと思います。
>
> 새 구두를 사려고 해요.
>
> 先週から新しい靴を買おうと思っています。
>
> 지난주부터 새 구두를 사려고 하고 있어요.

☞ 접속방법

동사 : 어미 3단을 2단(ます형)으로 바꾸고 ~そうだ를 붙인다.

> 降る ⇒ 降りそうだ

ru동사 : 어미 ru를 떼고 よう를 붙인다.

> 食べる ⇒ 食べよう

u동사 : 어미 u를 떼고 ou를 붙인다.

| | | | |
|---|---|---|---|
| 買う ⇒ 買おう | | 書く ⇒ 書こう | |
| 話す ⇒ 話そう | | 待つ ⇒ 待とう | |
| 死ぬ ⇒ 死のう | | 遊ぶ ⇒ 遊ぼう | |
| 休む ⇒ 休もう | | 取る ⇒ 取ろう | |

변격동사:

　　くる ⇒ こよう

　　する ⇒ しよう

☹ ～(よ)うは 이밖에도 권유나 제안을 할 때 사용할 수 있는데 ～ましょう에
　비해 좀 가벼운 표현이므로 보통 친한 관계인 경우에 사용한다.
　또한 ～(よ)う에 か를 붙여 제안이나 부탁을 요청할 수도 있다.

　　あしたは休みだから、今夜、飲みに行こう。
　　내일은 쉬니까 오늘 밤 술 마시러 가자.
　　もうそろそろ帰ろうか。
　　이제 슬슬 돌아갈까?

## 2 ～のに ～(하)는데

～のに는 동사나 형용사 종지형에 붙어 예상과는 다른 일이 생겼을 때 쓰인다.
　다시 말해 "～인데도 ～한다"라는 의미이다.

　　彼はお金があるのに、いつもラーメンです。
　　그 사람은 돈이 있는데도 언제나 라면입니다.
　　忙しいのに、誰も手伝ってくれない。
　　바쁜데도 아무도 거들어 주지 않는다.

## 1 ~(よ)う

① 彼に自分の気持ちを正直に話そうと思っています。
그에게 내 기분을 솔직하게 말하려고 생각하고 있습니다.

② 来週からパソコンを習おうと思っています。
다음주부터 컴퓨터를 배우려고 생각하고 있습니다.

③ 昼ご飯にトンカツを食べようと思っています。
점심에 돈가스를 먹으려고 생각하고 있습니다.

④ 明日から運動を始めようと思っています。
내일부터 운동을 시작하려고 생각하고 있습니다.

⑤ 健康のために、ダイエットをしようと思っています。
건강을 위해 다이어트를 하려고 생각하고 있습니다.

## 2 ~のに

① かぜをひいてるのに、でかけるんですか？
감기 걸렸는데 나갑니까?

② 同じ物を持っているのに、また買うんですか？
같은 것을 갖고 있는데 또 사는 겁니까?

③ かさを持ってきたのに、雨が降りませんでした。
우산을 가지고 왔는데 비가 오지 않았습니다.

④ あやさんは日本人なのに、韓国語が上手です。
아야양은 일본인인데 한국어를 잘합니다.

⑤ 日曜日なのに、会社に行かなければなりません。

일요일인데 회사에 가지 않으면 안됩니다.

⑥ 寒いのに、プールに行くんですか？

추운데 풀장에 갑니까?

⑦ あのお店のケーキは安いのに、すごくおいしいんですよ。

저 가게 케이크는 싼데도 아주 맛있어요.

## 1. 읽기  다음 한자의 読み方를 익힙시다.

| | | | |
|---|---|---|---|
| 引っ越し | ひっこし | 和室 | わしつ |
| 洋室 | ようしつ | 押し入れ | おしいれ |
| 家賃 | やちん | 近所 | きんじょ |
| 挨拶 | あいさつ | | |

## 2. 쓰기  다음 한자를 획순에 맞춰 정확하게 써 봅시다.

| | | | |
|---|---|---|---|
| 引越 | _____ | 和室 | _____ |
| 洋室 | _____ | 押入 | _____ |
| 家賃 | _____ | 近所 | _____ |

## 연습문제

### 1. 다음 동사의 의지형을 쓰시오.

1. いく　　➡ _____
2. する　　➡ _____
3. くる　　➡ _____
4. まつ　　➡ _____
5. たべる　➡ _____
6. はいる　➡ _____

### 2. 다음 문장을 의지문으로 만드시오.

1. 영화를 보러 가다

   ➡ _____思っています。

2. 사진을 찍다

   ➡ _____思っています。

3. 친구에게 편지를 쓰려고

   ➡ _____思っています。

4. 점심에 돈카츠를 먹으려고

   ➡ _____思っています。

**3. 다음 문장을 일본어로 바꾸시오.**

**1** 다음주에 역 근처로 이사 가려고 합니다.

➡ _____

_____

**2** 이번 아파트는 이불을 넣어두는 붙박이장도 있습니다.

➡ _____

_____

**3** 이웃집과 맞은편 집에 인사를 하는 게 좋습니다.

➡ _____

_____

일본의 유명한 시나리오입니다. 사전을 찾아 내용을 살펴봅시다. 내용을 생각하면서 큰 소리로 반복해서 읽어봅시다.

## はるですよ

ちょうちょと　みつばちは、チューリップの　みつを　すう。

| | |
|---|---|
| みつばち | よし、げんきが　でたぞ。 |
| ちょうちょ1 | わたしたちもよ。とっても　おいしかったわ。 |
| ちょうちょ2 | さあ、こんどは　むこうの　のはらで　おどりましょう。 |
| みつばち | ぼくも　ちょっと　さんぽを　して　こよう。 |
| つくし1 | あれ、かえるさんは　まだ　おきないのかな。 |
| つくし2 | ほんとだ。いつもなら、もう　とっくに　おきて、ケロケロ　うたって　いるのに。 |
| チューリップ1 | どうしたんだろう。 |
| チューリップ2 | おかしいね。 |
| チューリップ3 | みんなで　よんで　みようよ。 |
| ぜんいん | おーい、かえるさーん。 |
| チューリップ2 | (すこし　してから)だめだ。へんじが　ないよ。 |
| つくし1 | もう　一ど　やろう。 |

## うなぎ

| | |
|---|---|
| 美佐子 | 「そんなところに立ってないでお上んなさいよ」 |
| 拓郎 | 「……うなぎの餌を採って帰ろうと思って」 |
| 中島 | 「……」 |
| 拓郎 | 「高田さんに餌場を教えてもらったんで」 |
| 中島 | 「……そうか」 |

　　　　　　　山下理髪店・店内　(夜)
　　　　　　　うなぎの水槽の前にパジャマの拓郎がいる。

| | |
|---|---|
| 拓郎 | 「……」 |
| 女の声 | 「もう一度お手紙を差し上げる次第でございます」 |

　　　　　　　拓郎、水槽の中に手をのばし手紙をつかもうとする。

　　　　　　　つかめない手紙。
　　　　　　　手紙を追って水槽に入って行く拓郎。
　　　　　　　手紙は消える。
　　　　　　　拓郎、身ぶるいする。

# 이사

　일본에서 이사를 할 때 자신의 상황에 맞는 주거 공간(단독주택, 맨션, 아파트 등)을 찾기 위해 부동산을 찾아갑니다. 역 근처에는 반드시 몇 집이 있습니다.

　부동산의 팜플렛과 가게 앞에는 집의 위치와 한달 집세가 표시되어 있으므로 마음에 드는 곳이 있으면 부동산의 안내를 받아 역에서부터의 거리와 채광 등을 실제로 자신의 눈으로 확인할 수 있습니다.

　입주가 결정되면 계약할 때 礼金(집 주인에게 예의로서 지불함. 집세의 약 한 달 치), 敷金(입주 후 집을 수리해야 할 때 여기에서 수리비를 제함. 예를 들면 벽의 도배를 새로 할 때 등. 집세의 약 2~3개월치), 부동산에게 주는 수수료(집세의 약 1개월분. 이것이 부동산 측에서 받는 부분)를 지불해야만 합니다. 그러므로 한 달에 6만엔 하는 아파트에 입주한다고 하면 계약할 때 집세 외에 30만엔이나 되는 돈이 들게 되는 것입니다. 「引っ越し貧乏(이사 가난뱅이)」라는 말이 나올 정도로 이사할 때는 경비가 듭니다.

　이사를 다 했으면 가까운 이웃집에 일용품을 사들고 인사하러 갑니다. 최근에는 대도시권 (도쿄[東京]・오사카[大阪] 등)에서는 하지 않는 경우가 많지만 지방에서는 아직도 이런 풍습이 남아 있습니다.

# 第十二課

# 天気予報

## 학습포인트

- ~だろう、~でしょう(추량표현)

# 第十二課
# 天気予報

山川　　寒いですね。

チョン　そうですね。今晩、雪が降るでしょうね。明日東京へ出張
　　　　なので、心配です。

山川　　新幹線は止まるかもしれませんね。

チョン　出張に行こうと思っていましたが、やめたほうがいいかも
　　　　しれません。どうしようかな。

山川　明日の東京の天気予報を聞いてみましょうか。177に電話をかけると、天気予報が聞けますから。

(天気予報) 22日の東京の天気はくもり。ところにより雨が降るでしょう。

山川　天気予報では、東京は少し雨が降るだろうと言っていますね。かさを持っていったほうがいいですよ。

チョン　そうですね。東京は雪は心配ないでしょうね。でも、京都から名古屋の間が雪で時々止まると聞きました。

山川　うーん。確かにそうですね。

チョン　私は飛行機より新幹線のほうが好きですけど、明日は飛行機に乗ろうと思います。

山川　飛行機も雪で飛ばないかもしれませんよ。

チョン　ああ。

| 어휘 | | | |
|---|---|---|---|
| 今晩(こんばん) | 오늘 밤 | 雪(ゆき) | 눈 |
| 降(ふ)る | 내리다 | 出張(しゅっちょう) | 출장 |
| 心配(しんぱい) | 걱정 | 新幹線(しんかんせん) | 신칸센 |
| 止(と)まる | 멈추다 | やめる | 그만두다 |
| 天気予報(てんきよほう) | 일기예보 | かける | 걸다 |
| くもり | 흐림 | ところにより | 곳에 따라 |
| 間(あいだ) | 사이 | 時々(ときどき) | 가끔씩, 때때로 |
| 確(たし)かに | 확실히 | 飛行機(ひこうき) | 비행기 |
| 飛(と)ぶ | 날다, 운행하다 | | |

## 1 ～だろう/～でしょう ～할 것이다/ ~할 것입니다

1) ～でしょう

　～でしょう는 문장 끝에 쓰여 추측이나 짐작의 의미를 나타낸다. 긍정문과 부정문에다 쓰이며 동사, 형용사, 명사에 다 쓰일 수 있다.


동사

あしたも学校へ行くでしょう。　　　　내일도 학교에 가겠지요.

あしたは学校へ行かないでしょう。　　내일은 학교에 가지 않겠지요


い형용사

日本語は難しいでしょう。　　　　　　일본어는 어렵겠지요.

日本語は難しくないでしょう。　　　　일본어는 어렵지 않겠지요


な형용사

この辺は静かでしょう。　　　　　　　이 주변은 조용하겠지요.

この辺は静かじゃないでしょう。　　　이 주변은 조용하지 않겠지요


あの人も韓国人でしょう。　　　　　　저 사람도 한국 사람이겠지요.

あの人は韓国人じゃないでしょう。　　저 사람은 한국 사람이 아니겠지요


☞ でしょう문장은 의문문으로 전환하여 다른 사람의 견해나 추측을 물을 때도 쓰일 수 있다.

　　日本と韓国と、　どっちのほうが寒いでしょうか。
　　일본과 한국 중 어느 쪽이 추울까요?

2) ~だろう

　だろうは でしょうの 보통체이다. 예측이나 짐작, 분석을 조심스럽게 나타낼 때 사용하며 思う와 함께 사용되는 예가 많다.

> 篠崎さんもサッカーに関心<sub>かんしん</sub>がある<u>だろう</u>と思います。
>
> 시노자키씨도 축구에 관심이 있을 것이라고 생각합니다.

☞ 편한 사이에서는 방금 말한 내용을 상대방이 정확히 이해했는지를 확인 하거나 동의를 구하기 위해서 でしょう를 쓸 수도 있다. 이 때는 의문문과 같이 인토네이션이 올라가며 でしょ처럼 약간 짧게 발음된다.

> 静ちゃん、一人でちゃんと食べられる<u>でしょ</u>？ これも、食べてね。
>
> 시즈카 혼자서도 잘 먹을 수 있지? 이것도 먹어.

## 2  ~てみる ~해 보다

　동사 て형+みる는 "~을/를 한번 해 보다"라는 뜻으로 みる는 동사 見る에서 유래된 것이므로 ru동사로 활용된다.

> 漢字がわからなかったので、日本人の友だちに<u>聞いてみました</u>。
>
> 한자를 몰라서, 일본인 친구에게 물어보았습니다.
>
> 友だちがあの店のケーキはおいしいと言っていましたから、
>
> <u>今度食べてみます</u>。
>
> 친구가 그 가게의 케이크는 맛있다고 했으니, 다음번에 먹어 보겠습니다.

## 1 ~だろう/~でしょう

① 明日は、午後から雨が降るでしょう。かさを持って、でかけた方がいいです。

　내일은 오후부터 비가 오겠지요. 우산을 가지고 나가는 편이 좋습니다.

② 明日は、晴れるでしょう。ピクニックにでも行きませんか？

　내일은 날씨가 개겠지요. 소풍이라도 가지 않겠습니까?

③ 彼は、弁護士になるでしょう。

　그는 변호사가 되겠지요.

④ 一生懸命勉強したから、きっと試験に合格するだろう。

　열심히 공부했으니까 틀림없이 시험에 합격할 것이다.

⑤ 彼女は、日本語科出身だから、日本語が上手だろう。

　그녀는 일본어과 출신이라 일본어를 잘할 것이다.

## 2 ~てみる

① これは「納豆」という食べ物です。少しくさいですが、食べてみてください。

　이것은 '낫토'라고 하는 음식입니다. 좀 냄새가 나지만 먹어 보세요.

② 新しい新幹線に乗ってみませんか？

　새 신칸센에 타 보지 않겠습니까?

③ 帰りに、駅前のデパートに寄ってみませんか？

　돌아가는 길에 역 앞 백화점에 들러 보지 않겠습니까?

④ ビジネスのことなら、チョンさんに聞いてみた方がいいですよ。

　사업에 관한 거라면 정OO씨에게 물어 보는 편이 좋아요.

⑤ 日本の新聞も読んでみたほうがいいと思います。

　일본 신문도 읽어 보는 편이 좋다고 생각합니다.

## 한자익히기

### 1. 읽기   다음 한자의 読み方를 익힙시다.

| | | | |
|---|---|---|---|
| 午前中 | ごぜんちゅう | 今晩 | こんばん |
| 雪 | ゆき | 降る | ふる |
| 出張 | しゅっちょう | 心配 | しんぱい |
| 新幹線 | しんかんせん | 止まる | とまる |
| 天気予報 | てんきよほう | 間 | あいだ |
| 時々 | ときどき | 確かに | たしかに |
| 飛行機 | ひこうき | 飛ぶ | とぶ |

### 2. 쓰기   다음 한자를 획순에 맞춰 정확하게 써 봅시다.

| | | | |
|---|---|---|---|
| 今晩 | _____ | 雪 | _____ |
| 降 | _____ | 出張 | _____ |
| 心配 | _____ | 新幹線 | _____ |
| 止 | _____ | 天気予報 | _____ |
| 間 | _____ | 時々 | _____ |
| 確 | _____ | 飛行機 | _____ |

 1. 아베(安部)씨의 수첩을 보고 물음에 답하시오.

安部さんの手帳

| 月 | アルバイト |
|---|---|
| 火 | 試験 |
| 水 | 試験 |
| 木 | 英語を教える |
| 金 | コンパ |
| 土 | 塚元(つかもと)さんに会う |
| 日 | 休む |

安部さんは何をしますか。

① 月曜日は＿＿＿＿＿＿＿＿＿＿＿＿＿＿＿＿＿＿＿＿でしょう。

② 火曜日から水曜日までは＿＿＿＿＿＿＿＿＿＿＿＿＿でしょう。

③ 木曜日は＿＿＿＿＿＿＿＿＿＿＿＿＿＿＿＿＿＿＿＿でしょう。

④ 土曜日は＿＿＿＿＿＿＿＿＿＿＿＿＿＿＿＿＿＿＿＿でしょう。

⑤ 日曜日は＿＿＿＿＿＿＿＿＿＿＿＿＿＿＿＿＿＿＿＿でしょう。

## 2. ‒てみる를 써서 완성하시오.

**1** 新幹線にのる

➡ _____ みたいです。

**2** 別府温泉にいく

➡ _____ てみたいです。

**3** 一日中休む

➡ _____ でみたいです。

## 3. ‒かもしれない를 써서 완성하시오.

**1** あしたは _____ (비가 오다)

**2** 田中さんは _____ (대학 선생님)

**3** 日本のラーメンの方が _____ (맛있다)

**4** 今日はだれも _____ (오지 않다)

일기예보입니다. 사전을 찾아 내용을 살펴봅시다. 내용을 생각하면서 큰 소리로 반복해서 읽어봅시다.

# 天気予報

気象情報です。

水曜日は西日本、木曜日は東日本で季節外れの暑さとなりましたが、これまでの暑さのことは忘れてください。平地は春、山沿いは冬に季節は逆戻りです。

それでは、土曜日朝9時の予想天気図をご覧いただきましょう。

前線は、東の海上へと遠ざかるでしょう。日本周辺は、西高東低となり、冷たい空気がどっと流れ込んできます。

今まで、暖かい空気に包まれていたところに、冷たい空気がやってくるわけですから、大気の状態は、非常に不安定となります。日本海側を中心に、雹が降ったり雷がなったり、また突風にも注意が必要です。そして、日曜日になりますと、こちらの高気圧が次第に近づいてきますので、西から寒さは緩んでくるでしょう。

それでは、全国の週間天気予報です。

週末、北日本は雨で、山沿いで雪、平地でも雪に変わるところがあるでしょう。

関東から北陸の山沿いでも雪になりそうです。登山や車での移動は、十分ご注意下さい。道路が凍結する可能性もありますので、タイヤチェーンも準備しておいた方が良さそうです。

太平洋側は晴れますが、朝は平地でも冷え込み、遅霜の恐れがあります。月曜日は次第に雲が増えて、火曜日は各地ともお天気が崩れるでしょう。続いて大阪から那覇です。

土曜日、日曜日とも晴れるでしょう。日本海側では、雷や雷雨のところもありそうです。ただ、晴れても気温は大幅に下がります。昼間は20度台、夜は一桁台にまで下がりますので注意してください。そして、月曜日、火曜日は広い範囲で雨となりそうです。

週末寒くなるということを頭にいれてお出掛け下さいね。

特に山沿いは注意が必要です。事故やけがに気をつけてお出掛け下さい。

以上気象情報でした。

# 일기예보

몇 년 전부터 국가자격으로 기상예보사라고 하여 일기를 예측하는 것을 전문적인 직업으로 하는 자격을 인정하게 되었으므로, 일기예보는 매우 잘 맞게 되었습니다. 기상예보사는 매우 어려운 국가자격입니다. 합격률은 6% 정도입니다. 일본은 남북으로 가늘고 긴 나라이기 때문에 남과 북은 기온이 20도 이상이나 차이가 나며 날씨의 변화도 큽니다. 오키나와[沖縄]에서는 해수욕을 할 수 있고, 홋카이도[北海道]에서는 스키를 탈 수 있어 보기만 해도 재미있는 일기예보 프로그램도 있습니다.

전화로도 유료이지만(10엔), 177번을 걸면 한주간의 날씨·기온·파고(물결 높이) 등의 예보를 들을 수 있습니다. 인터넷으로도 주소를 입력하면 특정 장소의 예보를 살펴볼 수 있습니다.

그리고, 날씨뿐만 아니라 계절에 따라 3월이면 벚꽃의 개화 예보와 삼나무 꽃가루의 발산 상황 예보 등이 쉴 새 없이 제공됩니다.

# Memo

# 第十三課

# 元気がないですね

**학습포인트**

●수동표현 ～(ら)れる

# 第十三課
# 元気がないですね

日本語入門 – 向上編

石井　どうしたんですか。元気がないですね。

ぺ　　ええ。先週、電車の中で財布をとられたんです。

お金はあまり入ってなかったのですが、運転免許証もいっ

しょにとられました。それで、免許センターで簡単な運転の

講習を受けて、免許証をもらわなければなりません。講習を

受ける時間が決められているので、仕事を休んで行くつもりです。

石井　それは大変ですね。

ペ　　ええ。課長にしかられました。今、会社がとても忙しいですからね。

石井　でも、ぺさんのせいではありませんから、仕方ないですよ。皆、そんな経験がありますから、気にしないほうがいいですよ。元気出して。

ペ　　はあ。でも、それだけじゃないんです。

石井　元気がない理由が他にもあるんですか。

ペ　　ええ。彼女にプロポーズしましたが、断られました。

石井　そうですか…。残念でしたね。

| 어휘 | | | |
|---|---|---|---|
| 元気(げんき) | 기운 | 財布(さいふ) | 지갑 |
| 運転免許証(うんてんめんきょしょう) | 운전면허증 | 講習(こうしゅう) | 강습 |
| 受(う)ける | 받다 | 決(き)める | 정하다 |
| 仕事(しごと) | 일 | 大変(たいへん) | 큰일 |
| 経験(けいけん) | 경험 | 気(き)にする | 신경 쓰다 |
| 理由(りゆう) | 이유 | 彼女(かのじょ) | 그녀, (여자)애인 |
| 断(ことわ)る | 거절하다 | | |

## 1  수동태 ~(ら)れる

언어의 표현법에는 동작을 행하는 쪽과 동작을 받는 쪽 중 어디에 초점을 두어 나타낼 것인지에 따라 크게 능동태와 수동태로 분류된다.

일본사람들은 동작을 받는 쪽에서 표현하는 수동태를 많이 쓰는데 조동사 (ら) れる로 나타낸다.

☞ 접속방법

ru동사 : 어미 ru를 떼고 られる를 붙인다.

　　　　食べる　⇒　食べられる

u동사 : 어미 u를 a로 바꾸고 れる를 붙인다.

　　　　買う　⇒　買われる　　　行く　⇒　行かれる
　　　　話す　⇒　話される　　　待つ　⇒　待たれる
　　　　死ぬ　⇒　死なれる　　　遊ぶ　⇒　遊ばれる
　　　　読む　⇒　読まれる　　　取る　⇒　取られる

변격동사 :

　　　　くる　⇒　こられる
　　　　する　⇒　される

※ ru동사와 변격동사 くる의 수동형은 가능형과 같으나 u동사의 수동형은 가능 형과 다르다. 読む의 경우 수동형은 読まれる이고 가능형은 読める이다.

☞ 동사의 수동형 자체는 ru동사 변화한다.

|  | 평서형 | | 정중형 | |
|---|---|---|---|---|
|  | 긍정 | 부정 | 긍정 | 부정 |
| 현재 | 読まれる | 読まれない | 読まれます | 読まれません |
| 과거 | 読まれた | 読まれなかった | 読まれました | 読まれませんでした |
| て형 | 読まれて |  |  |  |

☞ 의미비교

1) 타인의 행동에 의해 불편을 겪게 되었을 경우 수동태 문장을 써서 불만이나 피해의 의미를 나타낼 수 있다. a의 능동태 문장과 b의 수동태문장을 비교해 보면 화자의 감정 차이가 확실히 나타남을 알 수 있다.

    a. 友だちが遊びに<u>来ました</u>。

    b. (私は)友だちに遊びに<u>来られました</u>。

2) 수동태가 유쾌하지 않은 일을 당했을 때 쓰는 데 반해 좋은 의미로 받았을 경우에는 てもらう표현을 사용한다.

    a. 私は友だちに手紙を<u>読まれました</u>。

      친구가 내 편지를 몰래 읽었습니다.

    b. 私は友だちに手紙を<u>読んでもらいました</u>。

      친구가 내 편지를 읽어 주었습니다.

3) 이밖에도 수동표현 중에는 좋고 나쁜 의미 없이 중립적인 의미로 쓰인 경우가 많다.

    a. 私は友だちにおいしい居酒屋を<u>紹介されました</u>。

      나는 친구에게 맛있는 술집을 소개받았습니다.

    b. セジョン大王は韓国人に<u>尊敬されています</u>。

      세종대왕은 한국사람에게 존경받고 있습니다.

※ 이상의 예에서 볼 수 있듯이 수동태의 경우 동작을 받는 "피동작주(피해자)"는 조사 は나 が를 써서 어떠한 상황의 영향을 받으며 "동작주(가해자)"는 조사 に(/から/によって)를 써서 곤란한 상황을 초래한 행동을 한다.

## 1 ~(ら)れる

① 仕事が遅くて、課長に注意されました。

일이 늦어서 과장님한테 주의를 들었습니다.

② 友達にひどいことを言われて、ショックを受けました。

친구한테 심한 말을 들어서 쇼크를 받았습니다.

③ そんなにたくさん飲んで大丈夫？　奥さんにしかられない？

그렇게 많이 마셔도 돼? 부인한테 혼나지 않아?

④ 電車の中で、若い女の人に足を踏まれました。

전철 안에서 젊은 여자한테 발을 밟혔습니다.

⑤ かわいがっていた犬に手をかまれることもあるんですよ。

귀여워하던 개한테 손을 물리는 일도 있어요.

⑥ 昨日買ってきたケーキを妹に食べられてしまいました。

어제 사 둔 케이크를 여동생이 먹어 버렸습니다.

⑦ 今日は先生にほめられたので、すごく気分がいいんです。

오늘은 선생님한테 칭찬받아서 아주 기분이 좋습니다.

⑧ うちの子が学校でいじめられているので、こまっています。

우리 아이가 학교에서 이지메 당해서 난처합니다.

⑨ ラブレターを母に読まれてしまって、はずかしかったです。

러브레터를 어머니가 읽어서 창피했습니다.

## 한자익히기

---

### 1. 읽기   다음 한자의 読み方를 익힙시다.

| | | | |
|---|---|---|---|
| 元気 | げんき | 財布 | さいふ |
| 全然 | ぜんぜん | 運転免許証 | うんてんめんきょしょう |
| 講習 | こうしゅう | 受ける | うける |
| 決める | きめる | 仕事 | しごと |
| 大変 | たいへん | 課長 | かちょう |
| 仕方 | しかた | 経験 | けいけん |
| 理由 | りゆう | 彼女 | かのじょ |
| 断る | ことわる | 残念 | ざんねん |

### 2. 쓰기   다음 한자를 획순에 맞춰 정확하게 써 봅시다.

| | | | |
|---|---|---|---|
| 元気 | _____ | 財布 | _____ |
| 全然 | _____ | 運転免許証 | _____ |
| 講習 | _____ | 受 | _____ |
| 決 | _____ | 仕事 | _____ |
| 大変 | _____ | 課長 | _____ |
| 仕方 | _____ | 経験 | _____ |
| 理由 | _____ | 彼女 | _____ |
| 断 | _____ | 残念 | _____ |

## 연습문제

### 1. 다음 동사의 수동형을 쓰시오.

1. 食べる ➡ _____

2. 飲む ➡ _____

3. しかる ➡ _____

4. 行く ➡ _____

5. 見る ➡ _____

6. 来る ➡ _____

### 2. 그림을 보고 (  )안의 동사를 이용하여 수동표현을 만드시오.

1.

   ➡ 父に _____

2.

   ➡ 雨に _____

**3**

➡ 先輩に _____

**4**

➡ バスの中で _____

## 3. 다음 문장을 일본어로 작문하시오.

**1** 이시이씨, 오늘은 기운이 없어 보이는군요.

➡ _____

**2** 버스 안에서 지갑을 소매치기 당했습니다.

➡ _____

**3** 애인한테 프로포즈했다가 거절당했습니다.

➡ _____

**4** 신경 쓰지 않는 편이 좋아요. 힘내요.

➡ _____

노벨문학상 수상작인 일본 대표 소설 '雪国'입니다. 사전을 찾아 내용을 살펴봅시다. 내용을 생각하면서 큰 소리로 반복해서 읽어봅시다.

# 雪国

こんな風に見られていることを、葉子は気づくはずがなかった。彼女はただ病人に心を奪われていたが、たとえ島村の方へ振り向いたところで、窓ガラスに写る自分の姿は見えず、窓の外を眺める男など目にも止まらなかっただろう。

島村が葉子を長い間盗見しながら彼女に悪いということを忘れていたのは、夕景色の鏡の非現実な力にとらえられていたからだったろう。

# 은행

　일본에서 생활하기 시작하려면, 여러 가지 수속이 필요하게 됩니다. 살아가기 위해, 빼놓을 수 없는 것 중 하나가 은행과 신용금고 등의 예금 구좌 개설입니다.

　예금에는, 보통예금, 저축예금, 정기예금이 있습니다. 용도와 목적에 따라, 어느 예금으로 할지를 생각하지 않으면 안 되지만 우선은 일본에서의 생활을 시작한지 얼마 안 되었으므로, 입·출금이 자유로우며 자동 현금인출기를 사용할 수 있는 보통예금이 가장 편리할 것입니다. 다만, 어느 은행이든지 금리는 0.001%로, 믿기 어려울 정도로 낮습니다. 버블 경제가 붕괴되었기 때문에 일본은 불황과 디플레이션의 한가운데에 있습니다.

　그러면 1000엔 이상의 많은 돈을 가지고 있다면 어떻게 할까요? 이미 2002년 4월부터, 일본에서는 Pay-Off 라는 제도가 시작되어 있습니다. Pay-Off 란, 도산해서 지불 불능 상태가 된 금융기관을 대신하여 예금 보험 기구라는 곳이 예금을 되돌려 갚아주는 제도입니다. 다만, 보증은 "일인당 1 금융기관에 한해 1000만 엔까지의 원금과 그 이익" 까지 입니다. 그렇기 때문에 만약 당신이 ○○은행의 지점 몇 군데에 합해서 1800만 엔의 예금을 가지고 있는데 그 은행이 도산해 버리게 되면 800만 엔은 거품처럼 사라지게 됩니다. 저금을 한 장소에 집중시키지 말고 복수의 금융기관에 맡기는 지혜도 필요합니다.

　은행은 금리가 싸고 도산의 위험이 있기 때문에 소중한 돈을 되도록이면 맡기고 싶지 않다고 하는 사람에게는 다른 방법이 있습니다. 장롱예금입니다. 자기 집 장롱에 챙겨 두는 방법입니다. 또는, 우체국과 농협 등에 저금하는 방법도 있습니다. 금리도 은행보다 높으며, 예금과 크게 다른 점은 없습니다.

# Memo

# 부 록

# 연습문제 해답

---

## 第一課　山登り

1. (2) (ちょうし)
2. (4)
3. (4)
4. ① 一人(ひとり)　　　　　　　　② 二人(ふたり)
   ③ 三人(さんにん)　　　　　　　④ 四人(よにん)
   ⑤ 五人(ごにん)　　　　　　　　⑥ 六人(ろくにん)
   ⑦ 七人(しちにん)　　　　　　　⑧八人(はちにん)
   ⑨ 九人(きゅうにん)　　　　　　⑩ 十人(じゅうにん)
5. ① ふつか　　　　　　　　　　　② よっか
   ③ むいか　　　　　　　　　　　④ ようか
   ⑤ とおか　　　　　　　　　　　⑥ じゅうよっか
   ⑦ はつか
6. ① ろくがつ にじゅうしちにちです。　② にじゅうよっかです。
   ③ とおかです。　　　　　　　　④ じゅうさんにちです。
   ⑤ じゅうくにちまでです。
7. (4)
8. ① が　　　　　　　　　　　　　② と　に
   ③ それで　　　　　　　　　　　④ で
9. ① 昨日の 昼は 山登りを しました。
   ② 韓国人は みんな 山登りが 好きです。体に いいですからね。
   ③ 昨日の 夜 遅く 電話を かけました。

---

## 第二課　涼しくなりました

1. ① (2)　　　　　　　　　　　　② (3)
   ③ (1)
2. ① おいしくなりました　　　　　② 難しくなりました
   ③ つめたくなりました　　　　　④ 痛くなりました
   ⑤ しくなりました　　　　　　　⑥ くなりました
   ⑦ 有名になりました　　　　　　⑧ 便利になりました
   ⑨ 親切になりました　　　　　　⑩ すき(きらい)になりました

## 第三課　温泉旅行

1. ① デパートへいって、買い物をしました。
　　② 朝早くおきて、散歩をします。
　　③ 毎日学校まであるいて、行きます。
　　④ 日曜日はやすんで、月曜日から土曜日まで働きます。
　　⑤ 日本人ははしをつかって、ご飯を食べます。
2. ① 学校ではひらがなをならってから、かたかなをならいます。
　　② ○
　　③ ○
　　④ 会社がおわってから、飲みに行きませんか。
　　⑤ ○
　　⑥ ○
3. ① レストラン
　　② 公園
　　③ 学校
　　④ 図書館
　　⑤ 郵便局
　　⑥ 銀行
　　⑦ 駅

## 第四課　ホームステイ

1. ① かけて
　　② 食べて
　　③ 読んで
　　④ 休んで
　　⑤ 書いて
　　⑥ 待って
2. ① ある
　　② いる
　　③ ある
　　④ いる
　　⑤ いる
　　⑥ いる
3. ① きている
　　② かけている
　　③ はいている
　　④ はいている
　　⑤ しめている

## 第五課　病院へ行った?

1. ① (3)
　　② (1)
2. ① (2)
　　② (3)
3. ① (4)
　　② (3)
　　③ (2)
　　④ (1)

## 第六課　訪問

1. (3)
2. ① (1)
　　② (1)
　　③ (2)
　　④ (3)
3. ① (2)
　　② (5)
　　③ (4)
　　④ (1)

## 第七課　頼む

1. ① (3)  ② (2)
   ③ (1)  ④ (2)
   ⑤ (1)  ⑥ (3)
2. ① ここでしばらく待ってください。  ② タバコを買ってきてください。
   ③ 外でちょっと遊んでください。  ④ 名前をきれいに書いてください。
   ⑤ かばんはちゃんと持っていってください。
3. ① (2)  ② (2)
   ③ (3)

## 第八課　電話

1. ① ふりそうだ  ② さびしそうだ
   ③ いそがしそうだ  ④ さむそうだ
   ⑤ おいしそうだ  ⑥ むずかしそうだ
   ⑦ げんきそうだ  ⑧ しずかそうだ
2. ① 降るそうだ  ② 大変だそうだ
   ③ 行ったそうだ  ④ 飲んだそうだ
   ⑤ おいしいそうだ
3. ① ひいたようだ  ② がんばったようだ
   ③ 帰ったようだ  ④ 来ないようだ

## 第九課　習慣の違い

1. ① はい、かけなければならないです。  ② はい、行かなければならないです。
   　　いいえ、かけなくてもいいです。  　　いいえ、行かなくてもいいです。
   ③ はい、食べなければならないです。  ④ はい、買わなければならないです。
   　　いいえ、食べなくてもいいです。  　　いいえ、買わなくてもいいです。
2. ① たくさん買ってしまいました。  ② 食べてしまいました。
   ③ かぜをひいてしまいました。  ④ わすれてしまいました。
3. ① ともだちの手紙を読んでしまったんです。  ② 授業に遅れてしまったんです。
   ③ お酒を飲み過ぎてしまったんです。  ④ テスト前なのに早く寝てしまったんです。

## 第十課　居酒屋

1. ① 起きられる  ② 歌える
   ③ 来られる  ④ 休める
2. ① いいえ、あつくて入れませんでした。  ② いいえ、つめたくて飲めませんでした。
   ③ 風邪をひいて眠れませんでした。  ④ いいえ、高くて買えませんでした。
3. ① (3)  ② (2)
   ③ (3)

## 第十一課　引っ越し

1. ① いこう
   ③ こよう
   ⑤ たべよう
   ② しよう
   ④ まとう
   ⑥ はいろう
2. ① 映画を見に行こうと思っています。
   ③ 友だちに手紙を書こうと思っています。
   ② 写真をとろうと思っています。
   ④ お昼にとんかつを食べようと思っています。
3. ① 来週駅の近くに引っ越ししようと思っています。
   ② 今度のアパートは、ふとんを入れる押入れもあります。
   ③ となりの家と向かいの家にあいさつをするほうがいいです。

## 第十二課　天気予報

1. ① アルバイトをする
   ③ 英語を教える
   ⑤ 休む
   ② 試験がある
   ④ 塚本さんに会う
2. ① 新幹線に乗って
   ③ 一日中休んで
   ② 別府温泉にいって
3. ① 雨が降るかもしれない。
   ③ おいしいかもしれない。
   ② 大学の先生かもしれない。
   ④ 来ないかもしれない。

## 第十三課　元気がないですね

1. ① 食べられる
   ③ しかられる
   ⑤ 見られる
   ② 飲まれる
   ④ 行かれる
   ⑥ 来られる
2. ① おこられる
   ③ なぐられる
   ② ふられる
   ④ あしをふまれる
3. ① 石井さん、今日は元気がなさそうですね。
   ③ 恋人にプロポーズをして、断られました。
   ② バスの中で、さいふをすられました。
   ④ 気にしないほうがいいですよ。元気出して。

# 본문 및 심화학습 해석

## 第一課　山登り 등산

월요일 오전 중

宋　　노무라씨 어제 밤에는 어디 나갔었습니까?

野村　예, 영화를 보러 갔습니다.

宋　　혼자서 갔습니까?

野村　아니오, 친구와 함께 갔습니다.

宋　　몇 시에 돌아왔습니까?

野村　11시경에 돌아왔습니다.

宋　　늦었군요.

野村　송OO씨는 어제 무엇을 했습니까?

宋　　점심에는 등산을 했습니다만, 밤에는 사우나에 갔습니다.

野村　한국 사람은 모두 등산을 좋아하네요.

宋　　예, 그렇네요
　　　 일본사람은 등산은 하지 않습니까?

野村　별로 하지 않습니다. 하지만 좋아하는 사람은 있습니다.

宋　　다음에 함께 가지 않겠습니까?

野村　좋습니다. 함께 가지요.

**심화학습**　**샐러드 기념일**

　미안하다고 친구에게 말할 때마다 뒤돌아보면 찻잔 속을 아버지는 보고 있고
　문득 깨달으면 그대가 좋아하는 꽃 모양만을 손에 들고 있는 피팅 룸
　커지면 드디어 풍족해지는 기분 도큐한즈의 쇼핑 백
　"춥지"라고 말을 걸면 "춥네"라고 대답해 주는 사람이 있는 따스함
　잘은 모르겠지만 즐거우면 된다고는 생각할 수 없는, 그대는 누구
　에노시마에서 노는 하루 각자의 미래가 있다면 사진은 찍지 않아
　다 쓰고 우표를 붙이면 금세 답장을 기다리고 시간은 흐르기 시작한다
　계속 울리는 벨이여 부재도 너의 흔적 중 하나라고 생각하면 사랑스럽게 들린다
　식탁의 맥주를 휙 기울여, 아아 그러고 보니 동지나 해
　양귀비가 사는 곳을 보면 나를 위해 연못을 파는 남자 하나쯤은 갖고 싶네
　박씨 부부를 삼일 관찰하고 있으면 부부는 결국 연인이다
　일본에 있으면 가지고 싶지도 않는데 족자를 사고 탁본을 산다
　콘택트렌즈를 빼고 눈을 깜빡이면 단 하나뿐인 마치가 된다

## 第二課　涼しくなりました

西山　　아, 윤씨 오랜만입니다.

ユン　　나시야마씨, 오래간만이에요. 날씨가 좋네요.

西山　　그렇네요, 가을이 되면 시원해 지네요.

ユン　　네, 단풍도 예뻐졌어요.

西山　　아, 단풍놀이 하러 가고 싶네.

ユン　　모미지가리가 무슨 의미예요?

西山　　모미지가리라는 것은 '산에 단풍을 보러 간다'는 의미입니다.

ユン　　그렇군요. 일본에서는 어디가 유명합니까?

西山　　교토의 아라시야마가가 유명합니다.
　　　　다음에 같이 가지 않겠습니까?

ユン　　감사합니다. 최선생님도 같이 가자고 하지요.

西山　　좋아요. 함께 갑시다.
　　　　그런데 윤OO씨 일본어 공부는 어떻습니까?

ユン　　재미있는데, 점점 어려워지네요.

西山　　그래도 소희씨 정말 실력이 늘었어요.

ユン　　아니에요. 아직 멀었습니다. 이제부터 더욱 분발하겠습니다.


**심화학습**　**카구야 공주**

옛날에 「대나무 영감」이라는 할아버지가, 할머니와 둘이서 살고 있었습니다.

할아버지는 평소와 같이 산으로 대나무를 자르러 갔습니다.

대나무 안에는 반짝반짝 빛나는 작은 여자아이가 있었습니다.

할아버지는 그 아이를 손바닥에 올려서 집으로 돌아왔습니다.

적적했던 집안이 갑자기 시끌시끌해 졌습니다.

여자아이는 쑥쑥 자라서, 완전히 보통사람의 크기가 되었습니다.

게다가 아주 예뻐져서, 이 아이가 있으면 집안 구석구석까지 밝아집니다.

할아버지와 할머니는 이 아이에게 '카구야 공주'라고 이름을 지어주었습니다.


## 第三課　温泉旅行 온천여행

西山　　이세나씨 이번 주 일요일에 무엇을 하십니까?

李　　　오전 중에 빨래와 청소를 하고 슈퍼에 갈 생각입니다. 그리고나서 리포트를 쓰고 TV를 보거나 음악을 듣거나 할 생각입니다.

西山　　반 친구들 모두와 닛코 온천에 갈 생각인데요, 이세나씨도 같이 가지 않으실래요?

李　　　나도 가도 됩니까? 꼭 가고 싶습니다.

西山　　그 날은 절을 보고 나서 온천에 갑니다.

李　　　기대됩니다. 그런데, 일본사람은 온천에 자주 가는데 온천에 가서 무엇을 합니까?

西山　　글쎄요… 우선, 온천에 들어가 유유자적합니다. 그리고 나서 온천마을을 걷거나 맛있는 것을 먹거나 합니다. 밤에는 술을 마시거나 가라오케에서 노래를 부르는 사람도 있습니다.

李　　　노천탕도 있습니까?

西山　　예, 있어요. 저는 노천탕을 아주 좋아합니다. 아침에 노천탕에 들어간 다음에 맛있는 아침을 먹고 싶습니다.

혼자와 여럿

어느 아이가 이상한 꿈을 꾸었습니다. 자기 외에 아무도 없는 꿈입니다. 어디에 가도 자기 혼자인 겁니다.

그 아이는 재미있어졌습니다. 아무도 없는 과자가게에서 초콜릿을 집어 와서 먹거나 아무도 없는 버스에 타고 운전하는 흉내를 내거나 했습니다.

하지만 그러는 사이 왠지 재미없어졌습니다.

난처하고 외로워서 울다가 눈이 떠졌습니다. 우리의 주변에는 많은 사람들이 있습니다. 그래서 우리들은 난처하거나 외로워지거나 하지 않고 살아갈 수 있습니다.

여러분도 어머니를 도와드리거나 아버지 심부름을 가거나 하는 일이 있지요.

## 第四課　ホームステイ 홈스테이

| | |
|---|---|
| 西山 | 이것은 이○○씨 가족사진입니까? |
| 李 | 아니오, 홈스테이 하는 곳의 가족사진입니다. 2년 전에 함께 오키나와에 가서 찍었습니다. |
| 西山 | 이건 아버지입니까? |
| 李 | 예, 그렇습니다. 아버지는 병원에 근무하고 있습니다. 매일, 일이 많아서 귀가가 늦습니다. |
| 西山 | 그거 힘들겠군요. 이건 어머니입니까? 어머니도 일을 하십니까? |
| 李 | 예, 고등학교 선생님인데 영어를 가르치십니다. |
| 西山 | 아이는 두 명이군요. 둘 다 학생입니까? |
| 李 | 아니오, 언니는 교사였는데 지금은 아이가 어려서 일하지 않습니다. |
| 西山 | 남동생은요? |
| 李 | 중학생입니다. 저와 함께 오락실에 가거나 테니스를 치거나 했습니다. |
| 西山 | 그렇습니까? 좋았겠네요. 홈스테이는 즐거웠습니까? |
| 李 | 예, 즐거웠습니다. 그리고 아주 좋은 가족이었습니다. |

심화학습 임금님의 새옷

옛날 어느 나라에 매우 멋쟁이 임금님이 있었습니다. 어쨌든 이 임금님으로 말할 것 같으면 몇 천 벌이나 되는 옷을 가지고 매일 한 시간마다 갈아입고 그때마다 30분씩 걸리기 때문에 모두들 곤란해 했습니다.

어느 날 임금님으로부터 명령을 받은 대신은 옷을 보러 갔습니다. 두 남자는 색 이름을 말하거나 무늬를 설명하거나 했습니다. 대신은 열심히 듣고 있었습니다.

...옷에는 긴 옷자락이 달려 있다는 것이었습니다. 그래서 두 명의 부하가 양손으로 옷자락을 받쳐 들고 있는 듯한 모습으로 조용조용 걸어 나갔습니다. 길가에 나와 있는 사람들도 창밖으로 내다보고 있는 사람들도 제각기 말했습니다.

"어쩜 임금님의 새 옷은 저렇게도 멋질까."

그런데 갑자기 작은 어린아이 한명이 말했습니다.

"임금님은 옷 같은 건 입고 있지 않아요"

## 第五課　病院へ行った? 병원에 갔었니?

| | |
|---|---|
| 中村 | 어라, 이○○씨, 어떻게 된 거야. 안색이 아주 나빠. |
| 李 | 계속 바빠서, 감기에 걸린 것 같아. 어젯밤부터 몸 상태가 안좋아. |
| 中村 | 병원은 갔어? |
| 李 | 아까 갔다 왔어. |

| 中村 | 큰일이네. 그런데 리포트는 다 썼어? |
| 李 | 응. 리포트는 다 썼는데 내일 낼 거야. |
| 中村 | 선생님께 감기라는 것을 말했어? (감기 걸렸다는 얘기는 했어?) |
| 李 | 응. 아침에 선생님과 전화로 이야기했어. 아주 상냥하셨어. |
| 中村 | 잘됐구나. 점심은 제대로 먹었어? |
| 李 | 아니. 별로 식욕이 없어서… 하지만 따뜻한 국물이 먹고 싶네. |
| 中村 | 라면은 어때? 역 근처에 새 라면집이 생겼어. |
| | 아주 맛있어. 가본 적이 있어? |
| 李 | 가본 적은 없지만 그 라면집 이야기는 들은 적이 있어. |
| 中村 | 그럼, 그 가게에 가지 않을래? |
| 李 | 응. |

**심화학습** 병원

감기에 걸린 지 오늘로 사흘째이지만, 좀처럼 열이 내리지 않는다. 지금까지 감기로 일을 사흘간이나 쉰 적은 없었다. 약을 먹었으니 나을 것이라고 생각했지만 아침이 되어도 열은 내리지 않는다. 어른이 되고 나서부터는 거의 병원에 가본 일이 없었는데 어쩔 수 없이 병원에 갔다. 병원의 대합실은 사람들로 가득했다. 접수처에 보험증을 내고 진찰 기록표에 증상을 적고 체온계로 열을 재었다. 역시 아침과 같은 38도 5부였다. 30분 정도 지나고 나서 겨우 내 차례가 왔다. 의사에게 진찰을 받고 간호사에게 주사를 맞았다. 진찰이 끝나자 대합실에서 약이 나오기를 기다렸다. 보험이 적용되어 약은 약국에서 사는 것보다 싸지만 초진이어서 진찰료는 조금 비쌌다. 주사와 약이 들었던 탓인지 곧 열이 내렸다. 좀더 빨리 병원에 갔었더라면 좋았을 거라고 생각한다.

# 第六課  訪問 방문

(딩동)

| 西山 | 어서 오세요. 자, 이쪽으로. |
| 李 | 실례합니다. |

(방에 들어가서)

| 西山 | 커피로 하시겠습니까, 아니면 홍차로 하시겠습니까? |
| 李 | 홍차 부탁합니다. 이거 제가 만든 과자입니다. |
| 西山 | 감사합니다. |
| 李 | 저기에 걸려 있는 그림은 귀엽네요. |
| 西山 | 저것은 생일날 낸시양이 그려 준 것입니다. |
| 李 | 저도 뭔가 니시야마씨에게 주고 싶어요. 뭐가 좋을까요? |
| 西山 | 괜찮아요. 마음만으로도 기쁜걸요. 아, 맞다. 이○○씨, 옆집에서 귤을 많이 받아서 좀 드릴까요. |
| 李 | 고맙습니다. 저, 상의하고 싶은 일이 좀 있는데… 친구가 귀국해서 작별 선물을 주고 싶습니다. 뭐가 좋을 것 같나요? |
| 西山 | 차는 어떻습니까? |
| 李 | 그게 좋겠네요. |

(1시간 후)

| 李 | 아르바이트가 있어서, 이만 실례하겠습니다. 오늘 즐거웠습니다. |
| 西山 | 또 놀러 오세요. |

　기독교의 성 발렌타인데이에서 유래된, 새롭고 젊은이들이 중심이 되는 행사. 2월 14일인 이 날은 특히 여성으로부터 남성에게, 더욱이 초콜릿을 주는 것이 습관으로 되어 있습니다. 젊은 여자에게 있어서는, 좋아하는 남자에게 마음을 전하는 중요한 날입니다. 그리고 많은 남자들은 초콜릿을 받을지 못 받을지 두근두근해 하면서 이 날을 보냅니다. 2월이 되면, 백화점 등에서는 초콜릿 매장이 평소보다 넓어져서 선물용 초콜릿을 사는 여성들로 매우 붐빕니다. 손수 만든 초콜릿을 선물하는 여성들도 적지 않습니다. 잡지에 초콜릿 만들기 특집이 실립니다.

　화이트데이는 3월 14일로, 발렌타인데이에 초콜릿을 준 여성에게 보답의 선물을 하는 날입니다.

本命チョコ(ほんめいチョコ)

　발렌타인데이에 여러 명의 남성에게 초콜릿을 줄 때, 가장 소중한 사람에게 주는 초콜릿을 말합니다. 진심으로 좋아하는 남성에게는 손수 만든 초콜릿을 주거나 가장 비싼 초콜릿을 고르거나 합니다.

義理チョコ(ぎりチョコ)

　"의리(義理 ぎり)"라는 것은 타인에 대해 예의바르게 하는 것을 의미합니다. 즉 "義理チョコ"란, 특별히 좋아하지는 않지만 항상 신세를 지고 있는 남성에게 예의로 주는 초콜릿을 말하는 것입니다. 여성들은, 아버지, 회사의 상사, 남자친구 등에게 義理チョコ로서 조그마한 상자에 든 초콜릿을 나누어 줍니다. 義理チョコ를 받은 남성의 기분은, 초콜릿을 받아서 기쁘다는 사람과 本命チョコ가 아니라서 슬프다는 사람 등, 여러 가지입니다.

# 第七課　頼む 부탁하다

李　　　니시야마씨, 좀 부탁이 있는데요…

西山　　뭔데요?

李　　　내일 언니가 한국에서 오는데 공항에 마중 좀 나가주실 수 있으실까요? 저는 아르바이트가 있어서 마중 나갈 수 없습니다.

西山　　가 드리고 싶지만 내일은 좀…
　　　　친구와 약속이 있어서… 죄송합니다.
　　　　친구인 다나카씨에게 가 달라고 하죠. 다나카씨는 차를 가지고 있으니까 가 줄 거라고 생각해요. 제가 전화하겠습니다.

李　　　잘됐다. 그럼, 다나카씨에게 전해주세요. 언니는 나를 닮았는데 머리가 길고, 안경을 썼습니다. 그리고 김치가 들어 있는 큰 봉다리를 들고 있습니다. 언니가 만든 김치는 맛있어요. 요리를 잘 하거든요.

西山　　그렇습니까? 좋겠네요.

李　　　언니는 다나카씨에게 김치를 드릴거라 생각해요.

西山　　저는 받지 못하겠군요. 유감이네요.

李　　　괜찮아요. 언니는 저에게 김치를 많이 가져다 주니까요. 니시야마 씨에게도 나누어 드릴게요.

　나는 일주일 전부터 선생님을 만나기를 기대하고 있었습니다. 매우 밝은 사람이라고 생각했습니다. 일본어를 술술 잘 하셔서 놀랐습니다.

　일본식 방에서 선생님이 한국에 관한 것들을 여러 가지로 이야기해 주셔서 지금까지 몰랐던 것들을 잘 알게 되었습니다. 김치와 과자 등, 선물도 많이 가져와 주셔서 매우 기뻤습니다. 컵라면도 받았습니다.

　또 한국에 관해서 여러 가지로 가르쳐 주셔서 매우 감사했습니다. 더 가르쳐 주셨으면 합니다.

　급식시간, 김치를 먹게 해 주셨습니다. 오바라 선생님으로부터 일본 김치보다 10배 매운 맛이라는 이야기를 듣고 그렇게나 매울까 하고 생각하면서 먹어보니 서서히 입 안이 얼얼해지는 느낌이었습니다.

선생님의 이야기를 듣고 놀랐던 것은, 라면에 김치가 공짜로 달려있다는 것과 매끼 김치를 먹는 것입니다.

선생님은 6학년 수업도 보아 주셨습니다. 사인도 (해)받았습니다. 한국말로 써 주셨습니다. 평생 이 사인을 계속 소중히 간직하겠습니다.

선생님, 꼭 다시 와 주세요. 기다리고 있겠습니다.

## 第八課　電話 전화

| | |
|---|---|
| 李 | 여보세요. 다나카씨 댁입니까? |
| 田中(母) | 예. 다나카입니다. |
| 李 | 도쿄대학의 이○○라고 하는데요, 나오키씨, 계신가요? |
| 田中(母) | 예. 잠시 기다리십시오. 아들 바꿔드릴게요. |
| 直木 | 여보세요. 전화 바꿨습니다. |
| 李 | 아, 나오키씨, 지금 아르바이트에 가고 있는데 길이 사고로 막혀서 좀 늦을 것 같습니다. 미안하지만 점장님께 전해주지 않을래요? |
| 直木 | 그것 큰일이군요. 하지만, 점장님도 늦는대요. 좀 전에 전화가 왔는데, 속이 안 좋대요. |
| 李 | 저런 저런…. 점장님, 괜찮습니까? |
| 直木 | 병원에 다녀온다고 하니까 괜찮아요. 이○○씨는 몇시에 도착할 것같습니까? |
| 李 | 저는 몇 시에 도착할지 모르겠습니다. 꽤 시간이 걸릴 것 같아요. |
| 直木 | 어떤 사고인가요? |
| 李 | 잘 모르겠지만 트럭과 오토바이 사고 같아요. |
| 直木 | 그렇습니까? 그럼, 이○○씨 조심해서 오세요. |
| 李 | 감사합니다. 그럼, 실례하겠습니다. |

### 심화학습

홋카이도엔 언제쯤 오실 수 있을 것 같습니까?

이 선생님, 서울에서는 매우 신세를 졌습니다. 맛있는 것을 잔뜩 먹어서 오래 살 것 같습니다.

메일은 무사히 도착했습니다.

잘 지내시는 것 같아서 안심했습니다.

변함없이 바쁘시군요. 남편께서도 바쁘신 것 같고.

오늘은 날씨가 좋고, 어제보다 시원해진다고 합니다.

저는 착실히 영어 공부를 계속하고 있어요. 금요일 밤에 지도를 받고 있습니다. 야마사키씨도 분발하고 있는 것 같습니다.

일은 힘듭니다. 눈을 가리고 걷고 있는 듯 합니다. 아니, 지옥에 떨어진 것 같습니다. 저는 이 선생님이 생각하고 있는 것 같은 OL은 될 수도 없을 것 같습니다. 스트레스가 쌓일 것 같고요, 슬슬 썩어 갈 것 같으니까요.

그런데 홋카이도에는 언제쯤 오실 수 있을 것 같습니까?

만날 수 있기를 기대하고 있습니다.

조심해서 와 주세요.

17일 저녁에는 생선 요리를 먹으러 가게 되었습니다. 맛있는 곳이라고 합니다. 답장은, yhs@cufs.ac.kr로 해 주세요. 무슨 일이 있으시면 연락해 주세요. 전화번호는 바뀌지 않았습니다(그대로입니다).

## 第九課　習慣の違い 습관의 차이

寺田　박선생님, 밥을 먹을 때, 그릇을 드는 것이 좋아요.

パク　아, 그런가요. 한국에서는 밥을 먹을 때 그릇을 들지 않습니다.

寺田　아, 그 얘기는 들은 적이 있습니다. 저는 한국에서도 무심코, 그릇을 들게 되어 버린답니다. 여러 가지로 습관이 다르니까 조심하지 않으면 안되겠군요.

パク　그 외에도 여러 가지 있어요. 예를 들면 한국에서는 손윗사람과 술을 마실 때 옆을 향하고 마시지 않으면 안 된답니다. 그리고 손윗사람 앞에서는 담배를 피우지 않습니다.

寺田　몰랐습니다. 일본에서는 손윗사람 앞에서 담배를 피워도 됩니다. 하지만 피기 전에 윗사람에게 '피워도 됩니까?'라고 물어야 합니다. 그리고 술을 마실 때에는 옆을 향하지 않아도 됩니다.

パク　그렇습니까? 한국과 다르네요. 밥을 먹을 때 일본인은 「いただきます(잘 먹겠습니다)」라고 말하죠. 그럼, 밥을 먹은 다음에는 뭐라고 하나요? 한국에서는 '잘 먹었습니다'라고 합니다만.

寺田　「잘 먹었습니다」라고 말합니다. 그리고 "맛있었습니다"라고 말하는 것이 좋아요. 특히 부인에게는 반드시 '요리가 맛있었어요'라고 말하는 편이 좋습니다.

パク　서로의 습관과 말의 차이를 이해하지 않으면 안되겠군요. 그래도 부인에 대한 한마디는 어디든 마찬가지로군요.

**심화학습**　크레용 신짱

의사　　음, 이정도면 퇴원해도 괜찮겠네.

크레용 신짱　엣? 퇴원해도 돼요?

의사　　왜요, 섭섭한가요?

크레용 신짱　퇴원이란 슬픈 일인가요?

의사　　집에 돌아가도 된다는 말이란다.

크레용 신짱　저 나았어요?

의사　　아직 이지만 집에서 요양해도 괜찮아.

크레용 신짱　그렇다면 나을 수 없으니까 저를 버릴 생각이군.

의사　　그게 아냐. 음... 어떻게 얘기해야 알아들을까.

크레용 신짱　어떻게 들어야 알아들을까

의사　　어쨌든 퇴원하면 돼.

## 第十課　居酒屋 술집

店員　어서 오십시오. 몇 분이신가요?

町　　세 명입니다.

店員　세분이시지요? 이쪽으로 오십시오.

町　　좋은 가게군요. 윤 선생님, 회는 먹을 수 있는지요?

ユン　예. 먹을 수 있습니다. 일본술도 마실 수 있어요. 하지만, 오늘은 맥주로 하겠습니다.

町　　우선, 맥주와 회와 닭 꼬치를 부탁합니다.

店員　알겠습니다.

ユン　삼년 전 일본에 왔을 때, 일본술은 못 마셨습니다. 그래도, 지금은 마실 수 있게 되었습니다. 술집에 오면 항상 마시기 때문에 좋아하게 되었습니다.

町　　그렇습니까? 그런데, 윤 선생님은 일본에 왔을 때 어떤 점에 놀랐습니까?

| ユン | 가장 놀랐던 건 「わりかん」입니다. 일본인은 친구와 레스토랑에 가서 돈을 낼 때 따로따로 돈을 내지요. |
| | 한국에서는 가자고 한 사람이 냅니다. 그래서 돈이 없을 때는 가자고 제의하지 않습니다. |
| 町 | 그렇습니까? 몰랐습니다. |
| ユン | 하지만 이제는 「わりかん」은 편리하다고 생각하게 되었습니다. |
| | 친구에게 제의해서 비싼 집에도 갈 수 있으니까요. |
| 町 | 그렇군요. |

### 심화학습

어쨌든 반값으로 탈 수 있으니 다른 데 쓸 수 있다.
"환승", "매각", "계속 탐" 3년 후 또다시 선택할 수 있어 즐겁다!
틀니 때문에 고민하시는 분들께 희소식! 맛있는 식사를 할 수 있는 틀니 이야기
좋은 틀니는 빼지 않고도 잘 수 있다.

핸드폰, 컴퓨터로 결혼 상대자를 만날 수 있다!!
또한, 무료 통화인 프리 다이얼로 걸어도 이용 가능합니다.

푹 잘 수 있어 다음 날 아침도 상쾌!!
몸의 피로를 다음 날까지 가져가지 않게 하기 위해서도 잠자는 기분을 생각해서 선택하고 싶은 것이 침구. 그래서 추천해 드리고 싶은 것이 아침까지 푹 잘 수 있어 큰 호평을 받고 있는 "저반발 까는 매트"입니다. 몸의 압력이 한 곳에 집중되지 않으므로, 아프거나 붓는 고민에서 해방될 수 있다는 뛰어난 제품.

간편한 의료보험, 노년층이 "가입할 수 있는 보험"
이 나이에 가입할 수 있는 보험을 찾아봤습니다.
믿을 수 있는 의료보험은, 역시 ○○보험.

무리한 다이어트로, 피부와 머리가 푸석푸석해지는 이야기를 들어보신 적은 없으신가요? 이것은, 칼로리가 높은 음식을 피한 나머지 단백질이 부족해서, 피부와 모발이 형성되지 못한 것이 원인입니다. …몸을 쓰는 레슨(훈련)에도 견딜 수 있는 체력이 길러지기 때문이라고 합니다.

"폭이 좁고 작은 부지이지만, 2세대가 쾌적하게 살 수 있는 집은 지을 수 없는 걸까?"
그것은, 좀 견고한 동량의 집을 짓는 데, 거리의 목소리로부터 태어난 발상과 아이디어와 센스를 담은, 도시의 가족을 위한 주거입니다.

---

## 第十一課　引っ越し 이사

| 張 | 다음 주 이사를 하려고 생각하고 있어요. |
| 服部 | 앗, 왜요? 지금, 장○○씨가 살고 있는 아파트는 편리한데… |
| 張 | 글쎄요. 역에 가까워서 편리하지만 방이 좀 좁거든요. |
| 服部 | 이번 아파트는 넓은가요? |
| 張 | 네. 일본식 방과 서양식 방이 하나씩 있습니다. 그리고 다이닝 키친이 있습니다. |
| 服部 | 2DK라구요? 좋군요. |
| 張 | 네. 게다가 붙박이장이 있어서 편리합니다. 쓰지 않는 책과 옷 등을 넣으려고 합니다. |
| 服部 | 집세는 얼마입니까? |
| 張 | 7만엔입니다. 조금 비싸지만 베란다가 있으니까요. 일본에서는 이사 할 때 근처 사람에게 인사를 하지 않으면 안되나요? |
| 服部 | 글쎄요. 최근에는 인사를 하지 않는 사람도 있는 것같은데 이웃집과 위 아래 집에는 인사를 하는 편이 좋 |

습니다.

張　　　그렇습니까? 알겠습니다.

**봄이에요.**

| | |
|---|---|
| 개구리밥2 | 그럼 일어나자. (벌떡 일어나서)모두들 좋은 아침. |
| 전원 | 컨디션 좋아? |
| 나비 | 꿀벌은, 튤립의 꿀을 빤다. |
| 꿀벌 | 됐다. 힘이 난다. |
| 나비1 | 우리도야. 정말 맛있었어. |
| 나비2 | 자, 다음에는 저 쪽 들판에서 춤추자. |
| 꿀벌 | 나도 산책 좀 하고 올게. |
| 개구리밥1 | 어라, 개구리는 아직 안 일어났나? |
| 개구리밥2 | 정말이네. 평소같으면 벌써 아까부터 일어나서, 개굴개굴 노래 부르는데. |
| 튤립1 | 어떻게 된 걸까. |
| 튤립2 | 이상하네. |
| 튤립3 | 모두 함께 불러보자. |
| 전원 | 이봐~ 개구리~ |
| 튤립2 | (잠시 후) 안되겠어. 대답이 없네. |
| 개구리밥1 | 다시 한번 해보자. |

**장어**

| | |
|---|---|
| 미사코 | "그런 곳에 서 있지 말고 올라와." |
| 타쿠로 | "장어 먹이를 구해 오려고 해서." |
| 나카시마 | "……" |
| 타쿠로 | "다카다 씨가 먹이가 있는 곳을 알려주었다고." |
| 나카시마 | "…그래…" |

야마시타 이발소·가게 안(밤)

장어 물통 앞에 파자마를 입은 타쿠로가 있다.

| | |
|---|---|
| 타쿠로 | 「……」 |
| 여자 목소리 | 다시 한번 편지를 드릴 찰나입니다. |

타쿠로, 물통 안으로 손을 뻗어 편지를 잡으려 한다.

잡히지 않는 편지.
편지를 쫓아 물통 안으로 들어가는 타쿠로.
편지는 사라진다.
타쿠로, 몸서리를 친다.

---

## 第十二課　天気予報 일기예보

| | |
|---|---|
| 山川 | 춥네요. |
| チョン | 그렇네요. 오늘 밤 눈이 내리겠네요. 내일 도쿄에 출장을 가기 때문에 걱정입니다. |
| 山川 | 신칸센은 멈출지도 모르겠네요. |

チョン　출장가야지 하고 있었지만 그만두는 편이 좋을지도 모르겠네요. 어떻게 할까.

山川　내일 도쿄의 일기예보를 들어 볼까요. 177번에 전화 걸면 일기예보를 들을 수 있으니까요.

(일기예보) 22일의 도쿄 날씨는 흐림. 곳에 따라 비가 오겠습니다.

山川　일기예보에서는 동경은 좀 비가 올거라고 하네요. 우산을 가지고 가는 편이 좋아요.

チョン　그렇군요. 도쿄는 눈은 걱정 없겠죠. 그래도 교토에서 나고야 사이에서 눈 때문에 가끔씩 멈춰 선다고 들었습니다.

山川　흐음. 확실히 그렇군요.

チョン　저는 비행기보다 신칸센 쪽이 더 좋지만 내일은 비행기를 타려고 하고 있습니다.

山川　비행기도 눈 때문에 운행하지 않을 지도 몰라요.

チョン　아아.

**심화학습**　일기예보

　기상정보입니다.

　수요일은 서 일본, 목요일은 동 일본에서 이상 더위가 계속되었지만 지금까지의 더위는 잊어 주십시오.

　그럼 토요일 아침 아홉시 예상일기도를 보시겠습니다.

　전선은 동쪽 해상으로 멀어지겠지요. 일본 주변은 서쪽 고기압 동쪽 저기압이 되어 찬 공기가 일시에 흘러들어 오겠습니다.

　지금까지 따뜻한 공기에 감싸였던 곳에 찬 공기가 찾아오는 것이기 때문에 대기 상태는 아주 불안정해지겠습니다. 일본해(동해)를 중심으로 천둥과 번개가 치거나 돌풍에도 주의가 필요합니다.

　그러면 전국의 주간 일기예보입니다.

　주말에 북 일본은 비가 오겠으며 산간지방에 눈이 오겠으며 , 평지에서도 눈으로 바뀌는 곳이 있겠습니다.

　관동에서 북쪽 산길을 따라서도 눈이 올 것같습니다. 등산이나 차량 이동에 만전을 기해 주십시오. 도로가 동결될 가능성도 있으니 타이어체인도 준비해 두는 편이 좋을 것같습니다.

　태평양은 개이겠으나 아침에는 평지라도 얼어붙고 늦서리가 내릴 염려가 있습니다. 월요일은 점차 구름이 많아져 화요일은 각 지역마다 날씨가 흐려지겠습니다.

　이어서 오사카에서 군마입니다.

　토요일, 일요일은 개이겠지요. 일본해 쪽은 번개와 번개비를 동반한 곳도 있을 것같습니다. 단 개어도 기온은 대폭 떨어지겠습니다. 낮에는 20도대. 밤에는 한 자리 수까지 내려가니까 주의해 주십시오. 그리고 월요일 화요일은 넓은 분포로 비가 내릴 듯 합니다.

　주말에 추워진다는 것을 염두에 두고 외출해 주십시오.

　특히 산간지방은 주의가 필요합니다. 사고와 부상에 주의해서 외출해 주십시오.

　이상 기상정보였습니다.

## 第十三課　元気がないですね 기운이 없군요

石井　어떻게 된 거죠? 기운이 없군요.

ペ　네. 지난주에 전철 안에서 지갑을 도둑맞았어요. 돈은 별로 안 들어있었지만 운전면허증도 함께 도둑맞았어요. 그래서 면허장에서 간단한 운전 강습을 받고 면허증을 따지 않으면 안 돼요. 강습을 받을 시간이 정해져 있어서 일을 쉬고 갈 생각입니다.

石井　그거 큰일이네요.

ペ　네. 과장님께 야단맞았어요. 지금 회사가 굉장히 바쁘니까요.

石井　그래도 배○○씨 탓은 아니니까 어쩔 수 없지요. 모두들 그런 경험이 있으니까 신경 쓰지 않는 편이 좋겠

어요. 힘내요.
ペ     흐음. 하지만 그뿐만이 아니에요.
石井    기운이 없는 이유가 그밖에 또 있나요?
ペ     네. 여자친구한테 프로포즈했는데 거절당했어요.
石井    그러세요. 유감이네요

**심화학습**    설국

　이렇게 보이고 있다는 것을, 요코는 알아챌 리가 없었다. 그녀는 단지 병자에게 마음을 빼앗기고 있었지만, 설령 시마무라 쪽으로 뒤돌아본다 해도, 창 유리에 비친 자신의 모습은 보이지 않고, 창 밖을 바라보고 있는 남자 따위는 눈에 들어오지도 않았을 것이다.

　시마무라가 요코를 오랫동안 훔쳐보면서 그녀에게 나쁘다는 것을 잊어버리고 있었던 것은, 저녁 풍경의 거울 속 비현실적인 힘에 사로잡혀 있었기 때문이었던 것이리라.

❀ 윤 호 숙

한국외국어대학교/대학원 일본어과 졸업
일본 히로시마대학 일본어교육학과 일본어 문법·문체 전공 박사
현 사이버한국외국어대학교 일본어학부 교수

[개정판] 日本語入門_ 向上編

**개정판 1쇄 발행**  2018년 08월 30일

**저  자** 윤 호 숙
**발 행 인** 윤 석 현
**발 행 처** 제이앤씨
**책임편집** 최 인 노
**등록번호** 제7-220호

**우편주소** 서울시 도봉구 우이천로 353 성주빌딩 3층
**대표전화** 02) 992 / 3253
**전  송** 02) 991 / 1285
**홈페이지** http://jncbms.co.kr
**전자우편** jncbook@hanmail.net

ⓒ 윤호숙 2018 All rights reserved. Printed in KOREA

ISBN 979-11-5917-120-8   13730        정가 14,000원